GÁLATAS

Por

Hope Blanton & Christine Gordon

© 2022 por Hope Blanton & Christine Gordon

Todos los derechos reservados. Ninguna parte de esta publicación puede ser reproducida, distribuida o transmitida de cualquier forma o por cualquier medio, incluyendo fotocopias, grabaciones u otros métodos electrónicos o mecánicos, sin el permiso previo por escrito del editor, excepto en el caso de breves citas incorporadas en reseñas críticas y otros usos no comerciales específicos por la ley de derechos de autor.

ISBN: 978-1-946862-19-8

Traducido por Natalia Martinez, Mdiv.

Tabla de contenidos

ESTUDIO 1
Abandonando el evangelio de gracia 1

ESTUDIO 2
La Parte de la historia de Pablo 14

ESTUDIO 3
¿Cristo murió por nada? 26

ESTUDIO 4
El Intercambio Injusto 37

ESTUDIO 5
De Esclavo a Hijo 48

ESTUDIO 6
¿Por qué quieren regresar? 61

ESTUDIO 7
La Libertad y el Espíritu 72

ESTUDIO 8
Jáctate en la Cruz 87

ESTUDIO 1

Abandonando el evangelio de gracia

"Siento que estoy fallando. Sigo gritándole a mis hijos, no puedo ni concentrarme para leer la Biblia, y mucho menos dirigir un ministerio." Juliana ha sido una cristiana por años, conoció a Jesús a sus 20 años y ahora estaba en una posición de liderato. Ella tomaba su fe muy en serio y decidió que si iba a ser un buen ejemplo, su vida y sus prácticas espirituales debían estar en orden. Llevaba el gozo del Señor por años. Ella estaba llena de gratitud cuándo conoció a Cristo y del regalo de la gracia. Ella recibió la justicia de Cristo con un corazón agradecido y sabía que no tenía nada que añadir ni contribuir a su salvación. Sin embargo, esos tiempos se alejaban al comenzar a tomar más responsabilidades y empujarse a crecer. El gozo, la libertad y el corazón agradecido comenzaron a tornarse en ansiedad, comparación y vergüenza. ¿Qué pasó aquí?

La historia de Juliana es muy común; sin entender porqué, los cristianos algunas veces comienzan a fundirse y experimentan un enfriamiento. Muchos comienzan por fe, al recibir el regalo de la gracia, pero al pasar los años, la vida se complica y comienzan a intentar justificarse ante Dios con su fe puesta en otras cosas en vez de en quien los salvó. Se esfuerzan en añadir insignias de honor a su resumé de éxitos espirituales, haciendo crecer una lista de logros para hacerse dignos ante los ojos de Dios y de otros. Cosas como ponerse la ropa correcta, asociarse con la gente correcta, educar a sus niños de la forma correcta comienzan a añadirse a su fe en Jesús. También siempre hay presión para hacer más para elevar su fe de nivel. Así que se ofrecen para coordinar la reunión mensual de mujeres o se ofrecen como voluntarios para el banco de alimentos. También puede que comiencen a ver a los que no llevan esas prácticas como cristianos de "nivel básico"; no muy serios en su fe. Si fallan en alguna de sus disciplinas, sienten que no pueden acercarse a Dios y que no son dignos de su atención. La relación con Dios se torna menos en lo que él gratuitamente les ha dado y más en lo que ellos pueden hacer por él. Comienzan a sentirse apresurados, cargados y presionados a mantener el ritmo que el "cristiano más fiel" de su iglesia lleva y pone como estándar.

La fe en Jesús + otra cosa = como entramos y nos mantenemos dentro del reino de Dios. Esta fórmula no solo es desalentadora, sino que, como Pablo nos dirá en su carta a los gálatas, se opone completamente al evangelio. Somos salvos solo por la fe cuando respondemos al regalo gratuito de la gracia de Dios. Esto nunca cambia, no importa cuánto tiempo seamos creyentes. Y sí, debemos responder a este regalo 'llevando a cabo 'nuestra salvación (Filipenses 2:12), pero cualquier obra que hagamos es resultado de la obra del Espíritu Santo en nosotros, quien nos fortalece y nos hace capaces de obedecer (Filipenses 2:13). No somos salvos y luego Dios nos deja para llevar a cabo nuestra vida cristiana por nuestra cuenta. No entramos en el reino y luego tratamos de "subir de nivel" con nuestras obras. Todo nuestro crecimiento es por gracia. Al escuchar la conversación de Pablo con la iglesia de Gálatas, encontraremos la libertad y el camino de regreso al evangelio como el único motivador y combustible para nuestro crecimiento en Cristo.

Contexto Histórico
Lee Hechos 13-14

Antes de que fuese un libro en nuestra Biblia, Gálatas era una carta escrita por Pablo a un grupo de iglesias en una región conocida como Galacia. Gálatas, la primera carta existente de Pablo, es una de las cartas más ocasionales del Nuevo Testamento, lo que significa que fue escrita para una serie de circunstancias muy específicas que se estaban dando a lugar en las iglesias de la región. Para entender la pasión de Pablo y por qué escribe, primero debemos entender cómo surgieron las iglesias.

Pablo había hecho su primer viaje misionero a través de la parte sur de lo que hoy es Turquía, entre el Mar Negro y el Mar Mediterráneo. Él había establecido iglesias en la región, específicamente en las ciudades de Iconio, Listra, Derbe y Antioquia de Pisidia. Hechos 13 y 14 relatan los viajes de Pablo y Bernabé por la región de Galacia. En la ciudad llamada Antioquia de Pisidia (diferente de la Antioquía donde estaba ubicada la iglesia local de Pablo), los gentiles se regocijaron y creyeron, pero los judíos estaban celosos y finalmente echaron a Pablo y a su gente de la ciudad (Hechos 13:13-52). En

Iconio, "creyó una multitud de judíos y de griegos" (Hechos 14:1) y se estableció una iglesia durante una visita larga. Sin embargo, algunas personas de la ciudad no estaban de acuerdo con los apóstoles y estaban decididos en apedrearlos, lo que hizo que Pablo y Bernabé huyeran a Listra y Derbe. Cuando Pablo sanó a un hombre en Listra, la gente decidió que él y Bernabé eran dioses griegos y trataron de adorarlos. Pablo los corrigió y estableció una iglesia allí también.

Los judíos de las otras ciudades donde Pablo había predicado estaban enojados por su enseñanza y vinieron a Listra para detenerlo. Lo apedrearon, lo sacaron de la ciudad y lo dejaron por muerto. Pero Pablo, preservado por Dios, se levantó y fue a otra ciudad, Derbe, donde él y Bernabé fundaron otra iglesia. En el camino de regreso a su iglesia natal de Antioquía, pararon por todas las iglesias recién establecidas, animándolas con ayuno y oración y nombrando ancianos para cada una. Todo esto sucedió en algún momento entre los años 45 y 48 d.C., unos doce años después de que Cristo ascendiera al cielo. La mayoría de los expertos sitúan la carta de Gálatas aproximadamente durante este tiempo, lo que significa que Pablo estaba escribiendo esta carta cargada de emociones solo uno o dos años después de haber plantado las iglesias. ¿Por qué? ¿Qué tiene a Pablo tan molesto que comenzó la parte cordial de su carta con las palabras "Estoy asombrado" y coloca frases como "¡Oh gálatas insensatos!" y "Estaban corriendo bien. ¿Quién los estorbó para que no obedecieran la verdad?"

Aparentemente, Pablo no fue el único maestro que influyó en las iglesias de Galacia. Después de que él y Bernabé se fueran, un grupo de maestros conocidos como los judaizantes llegaron a la región y comenzaron a enseñar lo que ellos hubieran considerado como el "siguiente nivel" de la fe. Estaba bien que los gentiles, los "no judíos", de la zona se convirtieran en cristianos; estos nuevos conversos estaban teniendo un buen comienzo en la fe. Pero para progresar, decían estos falsos maestros, necesitarían añadir algo a su nueva fe: la ley ceremonial judía. Se requería que los gentiles conversos no solo fueran circuncidados, un requisito judío bajo el pacto de Moisés, sino también que siguieran toda la ley de Moisés.

La ley moral de Dios, resumida en los Diez Mandamientos, es atemporal, perpetua y duradera. Por medio de la ley moral de Dios, se nos enseña, a nosotros los pecadores, que no hemos alcanzado la gloria de Dios, y que la única manera de ser perdonados de nuestros pecados y reconciliarnos con él es solo a través de la fe. Entonces, por esa misma ley moral, Dios le enseña a su pueblo redimido y reconciliado de todas las épocas cómo vivir una vida que le agrade.

Por otro lado, las leyes ceremoniales (relacionadas con la adoración) y las leyes civiles (relacionadas con el reino) sólo tenían el propósito temporal de señalar hacia la venida del Mesías. Ya venido el Cristo, él cumplió todas esas leyes en su nacimiento, vida, muerte y resurrección, aboliendo el uso posterior de estas leyes. El problema era que estos maestros religiosos afirmaban que entrar al reino solo por fe era aceptable, pero para poder permanecer en el reino, y más aún para "progresar", los creyentes gentiles necesitaban complementar su fe con algunas acciones particulares, en específico, con las leyes ceremoniales que Jesús ya había cumplido. Continuar en la fe significaba Jesús más algo más.

La respuesta de Pablo en la carta a los Gálatas nos ha dejado su carta más acalorada. Él está "asombrado", "perplejo" y con "dolores de parto" por la fe de ellos una vez más. Él explica que esto no es un tema marginal, sino un tema central de vida y muerte, cielo e infierno. Esta carta, aunque fue escrita a un grupo específico de personas, en un momento específico, por una razón específica, ha sido parte de la base de nuestra fe durante cientos de años. A Martín Lutero le encantaba tanto que la llamaba su "esposa". Tim Keller escribe: "El libro de Gálatas es dinamita". Al estudiar las palabras de Pablo a las iglesias que él plantó, se nos recuerda que es "Jesús + nada" y esto nos trae gozo.

Lee Gálatas 1:1-10

Preguntas de Observación

1. En los versos 6-7, ¿qué dice Pablo que te asombra?

2. En los versos 8-9, ¿qué dice Pablo que debería sucederle a cualquiera que predique un evangelio falso, sin importar quién sea?

3. ¿Qué preguntas hace Pablo en el verso 10? ¿Cómo se las responde por sí mismo?

Versos 1-5. Desde un principio, Pablo aclara cual es la fuente de su autoridad. Es Jesucristo mismo, no los hombres, quién le asignó la tarea de hacer discípulos. Por lo tanto, no necesitaba la aprobación ni el respaldo de los demás apóstoles de Jerusalén. Por lo regular, Pablo dice algo positivo sobre los destinatarios en la línea "Para" de sus cartas. En esta ocasión, él no hace comentarios muy alentadores sobre las iglesias de Galacia. Si seguimos leyendo, encontraremos que no tiene nada positivo que decir. En cambio, se mueve directamente a alabar a Dios, y ahí enfatiza el hecho de que Jesús "nos rescató" (NVI) o "nos libró" (LBLA). Los gálatas, junto con todos nosotros, estábamos desesperados, indefensos y débiles cuando Cristo vino a nuestro rescate. La iniciativa de Dios es lo único que nos salva. Nosotros, junto con los gálatas, estábamos desesperados, indefensos y débiles cuando Cristo vino a nuestro rescate. La iniciativa de Dios es lo único que nos salva.

Verses 6-10. Ahora es que Pablo llega al motivo de su carta. No puede creer que estos amados hermanos y hermanas, a quienes tan recientemente vio entrar al reino por medio de la fe, se estén alejando de Jesús. Podría parecer a simple vista que se trata de una pequeña disputa teológica. Pero Pablo deja en claro que esto es mucho más. Pervertir el evangelio, dice Pablo, es alejarse completamente de Jesús. El verso 6 menciona que a los gálatas se les llamó "por la gracia de Cristo", no por obediencia a la ley o por sus mejores esfuerzos. Agregar algo a la gracia es una distorsión. Pablo llega a decirles que no importa quién sea el que predique o qué tipo de autoridad parezca tener: si alguien predica un evangelio diferente, eso que enseñan llevará a la gente al infierno. Pablo se repite a sí mismo para enfatizar: La entrada al reino y la vida en el reino es a través de la fe y solo por la fe. Cualquier cosa diferente a eso te enviará al infierno. Obviamente, Pablo está tratando de agradar a Dios y no a los hombres, como argumenta en el verso 10. Él se ve a sí mismo como un esclavo, como alguien que le pertenece a otro. Es por eso que busca agradar a Cristo, a su maestro.

A medida que continuamos escuchando la conversación entre Pablo y estas nuevas iglesias, un par de cosas ya se han aclarado. Tanto nosotros como los gálatas necesitamos liberación y un salvador. Esa liberación vino en la forma de una persona que eligió salvarnos a un gran costo para sí mismo. Requerir algo además de la fe en la obra de Jesús no es, en hecho, el evangelio sino algo completamente diferente. Así que comencemos a examinar nuestros corazones mientras escuchamos a Pablo para ver si estamos oconfiand sólo en la obra de Cristo para nuestra salvación y crecimiento.

Una nota para el lector: Pablo, aquí y en otras cartas, se refiere a la práctica de la esclavitud del primer siglo, que era muy común en su época y que a menudo involucraba a personas que se vendían a sí mismas para pagar una deuda. Él usa la esclavitud como una metáfora para describir la relación entre una persona y que o a quién adora, sea Dios o la ley.

En ningún momento es apropiado usar referencias a la esclavitud en la Biblia para justificar el trato cruel o la posesión de otro ser humano creado a la imagen de Dios. Tampoco es apropiado tergiversar el significado de la Biblia para aprobar el sistema malvado de esclavitud como se practicaba en las Américas.

Siéntete libre regresar a esta notita mientras recorre la carta de Gálatas y te topas las referencias de Pablo a la esclavitud.

Preguntas de Reflexión

4. ¿Qué parte del contexto y la historia de Gálatas te llamó la atención?

5. ¿Qué piensas de toda la resistencia al evangelio que experimentó Pablo?

6. Pablo había invertido tanto en comenzar y cuidar de la iglesia de los gálatas, incluso hasta el punto de sufrir gran daño físico, solo para descubrir que abandonaban al verdadero evangelio. ¿Qué emoción crees que sintió como resultado? ¿Cómo te sentirías si fueras él?

7. Pablo hace la sorprendente afirmación de que pervertir el evangelio añadiendo algo a la gracia es lo mismo que alejarse completamente de Jesús. ¿Qué de esto te hace sentir incómoda o nerviosa? ¿Qué te hace sentir alivio?

8. Los gálatas y muchos de nosotros vivimos con la ecuación: "fe en Jesús + algo más = cómo entramos y permanecemos en el reino de Dios", aunque esta no sea la verdad del evangelio. ¿Cuál es ese "algo más" que tú personalmente agregas? ¿Cuándo y por qué comenzó eso?

Versículo de enfoque: *Me asombra que tan pronto estén dejando ustedes a quien los llamó por la gracia de Cristo, para pasarse a otro evangelio. No es que haya otro evangelio, sino que ciertos individuos están sembrando confusión entre ustedes y quieren tergiversar el evangelio de Cristo.* **Gálatas 1:6-7**

Reflexiones, curiosidades, frustraciones:

ESTUDIO 2

La Parte de la historia de Pablo

Lee Gálatas 1:11-2:10

Preguntas de Observación

1. Anota todos los detalles que aprendemos en el capítulo 1, versículos 11-17, acerca de Pablo antes y después de su conversión.

2. ¿Cuántos años después de la conversión de Pablo fue él a Jerusalén? ¿Qué decía la gente de él cuando visitaba a las iglesias en Judea? (Ver capítulo 1, versículos 18-24.)

3. Haz una lista de todas las personas que se nombran y lo que aprendes sobre cada una de ellas en el capítulo 2, versículos 1-10.

La siguiente sección de Gálatas se lee como una autobiografía de Pablo, llenando algunos vacíos en la línea de tiempo de su vida. Puede sonar a que Pablo esté a la defensiva o incluso sea arrogante, lo que nos hace preguntarnos por qué Pablo buscaría probarse a sí mismo y sus credenciales ante esta iglesia joven. ¿Pablo estaba inseguro? ¿Estaba compitiendo con los apóstoles en Jerusalén por popularidad o seguidores? Si profundizamos un poco en su contexto histórico, veremos que Pablo en realidad estaba defendiendo el evangelio. Lo estaba haciendo al defender su propio apostolado, que comienza a explicar en el capítulo 1, versículo 11. El trasfondo de este pasaje es que algunos maestros falsos llegaron a Galacia después de que Pablo fundó la iglesia y comenzaron a enseñar que el evangelio era un buen comienzo, pero que, para avanzar en la fe, los creyentes debían agregarle algo más. Aun mas específicamente, que debían vivir como judíos, observando ciertas leyes alimentarias ceremoniales y siendo circuncidados. Pablo quería argumentar en contra de esto y traerlos de vuelta a la verdadera fe: sólo el evangelio, sólo a través de la fe en Jesús.

Los hermanos falsos (ver Gálatas 2:4) podían haber estado descartando el apostolado y la predicación de Pablo. Los eruditos creen que estos hombres les estaban diciendo a los miembros de la iglesia de Galacia que Pablo inicialmente recibió el evangelio de los apóstoles en Jerusalén, pero que cuando comenzó a enseñar a otros, por error omitió algunos requisitos, incluida la circuncisión. Los hermanos falsos querían dar corrección a ese evangelio, ofreciendo el "paquete completo", que incluía seguir la ley mosaica ceremonial.

Pero Pablo no recibió el evangelio de los apóstoles en Jerusalén. De hecho, él no recibió el evangelio de cualquier hombre; él se encontró con el mismo Jesús en el camino a Damasco. Pablo toma el resto del capítulo 1 y la primera parte del capítulo 2 para convencer a los gálatas del origen divino de su apostolado y su ministerio posterior.

Luego continúa explicando su relación con los líderes de la iglesia en Jerusalén y el acuerdo con él.

Capítulo 1, versos 11-17 El evangelio no era información nueva para Pablo. Él estaba familiarizado con lo que se enseñaba acerca de Jesús cuando él mismo estaba tratando de destruir la iglesia antes de su conversión. Pablo vivía la vida de un judío devoto y exitoso, convencido de que estaba agradando a Dios al intentar aniquilar a los seguidores de Jesús. De hecho, él era tan intransigente en su determinación de guardar la ley, que superaba a algunos de sus compañeros. Pablo deja en claro que él no llegó a la fe por un argumento inteligente de alguien o una explicación adicional del evangelio. Pablo tuvo un encuentro sobrenatural con el Hijo de Dios. Pablo estaba trabajando tenazmente, con su máximo esfuerzo, para acabar con la iglesia de Jesús cuando Jesús mismo se encontró con él en el camino.

El verso 16 nos dice que a Dios le "agradó" el revelarle a su Hijo a Pablo. Pablo no era una amenaza para Dios y su reino. No era alguien con quien había que lidiar y convertir antes de que causara demasiado daño a la iglesia. No, Dios apartó a Pablo antes de que naciera (versículo 15) y le reveló a Jesús para que pudiera "predicarlo entre los gentiles". El entrenamiento de Pablo, incluyendo su extenso conocimiento y experiencia con las Escrituras, fue parte de lo que Dios usó para edificar su iglesia. Esto es a menudo lo que Dios ha hecho en la historia por medio de su pueblo. Recuerda a José viviendo en una prisión en Egipto, para luego ser usado por Dios para salvar a tantos durante la hambruna. Dios puede usar a cualquiera en cualquier momento, incluso a un judío ferviente que estaba decidido a destruir a todos los cristianos. El encuentro de Pablo con el Señor fue tanto una conversión como una comisión para predicar. Y aunque de repente se encontró en el mismo "equipo" que los apóstoles de Jerusalén, no fue a verlos en ese momento. En cambio, fue a Arabia, donde la mayoría de los comentaristas asumen que comenzó a predicar el evangelio.

Capítulo 1, versos 18-24 Pablo continúa con su historia de apostolado. Eventualmente llegó a Jerusalén para una breve visita con Pedro (también conocido como Cefas) y Santiago, pero las iglesias de esa área no lo conocían. De hecho, la iglesia de Jerusalén estaba hablando de Pablo como si fuese una especie de leyenda. Pablo no era un estudiante de la teología de la iglesia de Jerusalén. Solía ser un enemigo que ahora predicaba la fe. No estaban corrigiéndolo, más bien glorificando a Dios a causa de él. Pablo aquí está demostrando nuevamente que él no recibió su información de la iglesia de Jerusalén; lo recibió directamente de Cristo.

Capítulo 2, versos 1-9 Pablo continúa su narración explicando que tuvo una revelación de Dios y fue a Jerusalén en respuesta. No fue convocado por los líderes de la iglesia allí; ni necesitaba ser corregido por ellos. De hecho, fue a asegurarse de que "no estaba corriendo o no hubiera corrido en vano". ¿A qué se refiere con esto? La preocupación de Pablo no era tener el mensaje equivocado, sino que pudiera haber una división entre los judíos y los gentiles en la iglesia. Cuando fue a Jerusalén, trajo consigo a Tito, un gentil que no estaba circuncidado. Quería que los hermanos vieran en la carne que era sólo el evangelio lo que salvaba, no ninguna adherencia a la Ley Mosaica.

¿Por qué era tan importante la circuncisión? La circuncisión en el Antiguo Testamento era parte de lo que se conocía como la ley ceremonial; un conjunto de leyes sobre cómo uno se vestía, qué se comía y otras prácticas que hacían a una persona "limpia" o "inmunda" y, por lo tanto, capaz o incapaz de ir al templo a adorar a Dios. A los gentiles generalmente se les consideraban como gente impura, ya que no se sometían a estas reglas estrictas que seguían los judíos. Estas leyes se establecieron originalmente para poner aparte a la nación de Israel y mostrar la santidad de Dios. En última instancia, estas leyes presagiaron la venida de Cristo de varias maneras. Dios dio las leyes ceremoniales para demostrar la imposibilidad de hacerse aceptable ante un Dios tan santo, y apuntar al pueblo hacia la fe en el Mesías venidero para su salvación. Desafortunadamente, los hermanos falsos estaban usando estas leyes de manera opuesta a la intención de Dios: para evitar poner su fe completamente en Cristo al pensar que podían justificarse a sí mismos a través de sus actos religiosos.

Aunque a nosotros no nos parecería gran cosa, habría sido impactante para los cristianos judíos que un no-judío como Tito ahora fuera considerado limpio, capaz de pararse en la presencia de Dios y adorar, simplemente por la obra de Cristo. Los hermanos falsos probablemente esperaban y deseaban que Pedro y Santiago rechazaran a Tito y, por lo tanto, a Pablo. Pero Pablo nos está diciendo que, si él cedía en este punto, si hubiese dicho: "Sí, pueden proceder. Circunciden a Tito. Eso lo hará un verdadero creyente", se habría perdido el evangelio por completo y una vez más habría sido esclavo de la ley. Si Pablo añadiera algo al evangelio, habría terminado justo donde empezó: intentando guardar fervientemente la ley para que Dios lo ame. Cada vez que tratamos de encontrar algún camino hacia Dios que no sea solo su gracia gratuita, solo conduce a la esclavitud. Pablo se dispuso a circuncidar a Timoteo para poder compartirle el evangelio de Jesús a los judíos incrédulos, quienes no se asociaban con ningún incircunciso (Hechos 16:3). Aquí, sin embargo, lo que había eran cristianos profesantes que insistían en la circuncisión. Si Pablo secundaba esto, la circuncisión esclavizaría a los creyentes gentiles a la ley ceremonial y distorsionaría el evangelio.

En lugar de rechazarlo, Santiago, Pedro y otros apóstoles de influencia en Jerusalén vieron que Pablo había sido llamado a predicar a los no-judíos, tal como ellos habían sido llamados a predicar a los judíos. Aceptaron el ministerio de Pablo, sin cambiar ninguna de sus enseñanzas. Era importante que los gálatas entendieran esta validación y aceptación del ministerio de Pablo por parte de la iglesia de Jerusalén. Había un evangelio, no dos. Sin embargo, a estos hombres se les fue dadas por Dios esferas separadas de trabajo e influencia. El ministerio del evangelio se vería de una forma entre los judíos y de otra entre los gentiles.

Capítulo 2, verso 10 ¿Por qué de repente esta mención de los pobres? La pobreza en el mundo antiguo era extrema, sin asistencia social ni sistema nacional de salud. Los que mendigaban a lo largo del camino a veces recibían limosnas de los ricos, pero el sufrimiento de cualquier persona incapacitada o sin poder trabajar era miserable. Desde el comienzo de la iglesia, los cristianos le suplían alimentos y otras necesidades a los pobres. Eligieron diáconos en Hechos 6:1-7 para asegurarse de que todos recibieran lo que necesitaban. Tanto Pablo como los apóstoles de Jerusalén estaban convencidos de que esta ayuda debía continuar como parte de la obra de la iglesia.

Un par de cosas sobresalen como advertencia en este pasaje. Primero, podemos ser increíblemente celosos, trabajadores y comprometidos con Dios y al mismo tiempo estar trabajando contra él si no estamos en Cristo. En segundo lugar, las buenas intenciones, la moralidad y el observar la ley no salvan. Solo la obra de Jesús nos hace limpios y capaces de estar en la presencia de Dios. Tercero, aunque el ministerio siempre debe llevar el mismo mensaje, puede que utilice diferentes métodos, dependiendo de sus destinatarios. Finalmente, siempre habrá algún grupo de personas tratando de convencernos de que el verdadero cristianismo involucra a Jesús más a, b y c. Nunca debemos confiar en nada para ganarnos el favor de Dios que no sea la obra de Jesús a nuestro favor; ni cuando lo conocemos por primera vez, ni cuando lo conocemos desde hace muchos años.

Preguntas de Reflexión

4. ¿Qué partes de la historia personal de Pablo te sorprendieron? ¿Sobre qué partes tienes curiosidad y te gustaría tener más información?

5. ¿Qué nos dice sobre el carácter de Dios el hecho de que tomó a un judío excepcionalmente devoto que perseguía a los cristianos y lo transformó en alguien que llevaría ese mismo evangelio a los gentiles? ¿Conoces a alguien que haya tenido una historia de conversión radical?

6. Antes de que Pablo se convirtiera, él perseguía a los cristianos. Los judaizantes estaban predicando un evangelio falso. Ambos pensaban que estaban sirviendo fervientemente a Dios, pero estaban lejos de él. ¿A quién has visto operar así? ¿Por qué lo hacían?

7. Debido a que Tito era un gentil converso que no estaba practicando "Jesús + circuncisión = cómo entramos y permanecemos en el reino de Dios" como ellos querían, lo consideraron inmundo, a pesar de que era creyente. ¿Cuándo tú has juzgado a un hermano o hermana de esta manera, considerándolos "inmundos" a pesar de que estaban confiando en Jesús para la salvación? ¿Hay algo por lo cual debas arrepentirte?

8. Cuando Santiago, Pedro y Pablo se conocieron, se aceptaron entre sí y se dieron cuenta de que tenían el mismo objetivo de predicar el evangelio, pero a diferentes grupos de personas y por diferentes medios. ¿Cuándo has visto ministerios que son muy diferentes para lograr el mismo objetivo de compartir el evangelio? ¿Considerabas a uno más "santo" y "verdadero" que el otro?

Versículo de enfoque: *Pero en Judea las iglesias de Cristo no me conocían personalmente. Solo habían oído decir: «El que antes nos perseguía ahora predica la fe que procuraba destruir». Y por causa mía glorificaban a Dios.* **Gálatas 1:22-24**

Reflexiones, curiosidades, frustraciones:

ESTUDIO 3

¿Cristo murió por nada?

Lee Gálatas 2:11-21

Preguntas de Observación

Anota todos los detalles que aprendemos en el capítulo 1, versículos

1. En los versículos 11-14, ¿por qué está Pablo enojado con Cefas (Pedro)?

2. Resume lo que dicen los versos 15 y 16 acerca de la ley.

3. Reescribe los versículos 17-21 en tus propias palabras.

Versos 11-14 Parecía que todo iba bien: Pedro y los apóstoles de Jerusalén tenían su misión con los judíos. Pablo y Bernabé tenían su misión con los gentiles. Todos acordaron cuidar de los pobres. Entonces, ¿por qué el versículo 11 comienza con Pablo confrontando a Cefas (Pedro) de manera tan pública y enérgica? Recuerda que el centro del cristianismo en ese momento era Jerusalén. La iglesia local de Pablo estaba en Antioquía, una ciudad entre trescientas y cuatrocientas millas al noreste de Jerusalén, dependiendo de la ruta. (Antioquía, ahora Antakya, se encuentra en la actual Turquía). Aparentemente, Pedro había ido a Antioquía para una visita prolongada y se había acostumbrado a comer y probablemente a comulgar con los cristianos gentiles. Esta no era la norma para los judíos, ya que siempre se separaban de los gentiles "inmundos", temiendo que pudieran ser "contaminados" por ellos y, por lo tanto, incapaces de acercarse a Dios o su templo. Pero Pedro había tenido una visión en Hechos 10 donde Dios le mostró que todos los alimentos ahora estaban limpios, incluso el cerdo, los mariscos y ciertas aves que los judíos evitaban debido a las leyes alimentarias ceremoniales del Antiguo Testamento. Había comenzado a ejercer esta nueva libertad entre los hermanos de Antioquía. Este fue un cambio tan radical que las personas que lo practicaban necesitaban un nuevo nombre. Hechos 11:26 registra estas palabras que describen a Pablo y Bernabé: "Durante todo un año se reunieron los dos con la iglesia y enseñaron a mucha gente. Fue en Antioquía donde a los discípulos se les llamó «cristianos» por primera vez." Dios había hecho un nuevo pueblo de lo que solían ser dos grupos muy divididos. Esta era su iglesia, su pueblo, el nuevo Israel. Y Pedro estaba viviendo su fe de manera práctica al comer con sus nuevos hermanos cristianos, los no-judíos que no seguían las leyes dietéticas de su herencia judía.

Pero esta práctica de Pedro no duró. Cuando "llegaron algunos de parte de Jacobo" (versículo 12), Pedro dejó de comer con los gentiles por temor a la reacción de los judíos que se habían convertido a Cristo pero que aún se adherirían estrictamente a las normas culturales judías sobre las comidas y la circuncisión. Aun así, lo peor fue que el "resto de los judíos" (versículo 13) siguió el ejemplo de Pedro y se apartaron de los gentiles. Incluso Bernabé, que había sido compañero de Pablo, fue descarriado. ¿Por qué Pablo llamó a esto hipocresía? No fue porque a Pedro se olvidó la verdad acerca de su libertad en Cristo; ni fue porque dudó de repente si podía comer con los gentiles y ser limpio a los ojos de Dios. En cambio, lo que Pedro cuestionó fue si podía comer con hermanos gentiles y aún tener la misma buena reputación ante los ojos de los judíos. Peter temía que su posición en la iglesia pudiera verse afectada. Estaba bajo una inmensa presión por parte de la iglesia madre en Jerusalén, y por eso no actuó por fe, ni de acuerdo con el evangelio, sino actuó en temor a lo que otros pudieran pensar.

Pablo vio lo que estaba pasando y criticó a Pedro, nombrando su hipocresía. Las leyes que Dios había usado para apartar y distinguir a la nación de Israel y así mostrar su santidad se habían cumplido totalmente en Jesús. Ya no era lo que se comía o con quién se comía lo que determinaba la capacidad de una persona para acercarse a Dios, y Pedro lo sabía. Cuando Pedro repentinamente dejó de comer con los gentiles, estaba actuando como judío para evitar problemas con otros judíos. Pedro estaba actuando como un cobarde, y Pablo se lo echó en cara.

Imagínense cómo deben haberse sentido estos hermanos gentiles. Ellos entendieron correctamente que eran aceptables para Dios solo por su fe en Cristo. Pero las acciones de Pedro dicen mucho: "Puedes ser lo suficientemente bueno para Jesús y lo suficientemente bueno para ser salvo, pero no eres lo suficientemente bueno para nosotros; para ser verdaderamente limpio y aceptado, no solo debes creer en Cristo, sino que también debes volverte cultural y ceremonialmente judío".

Podemos sacudir nuestra cabeza ante lo que nos parecen prácticas insignificantes, guardadas por personas que claramente no entendieron el corazón del evangelio. ¿Pero no hacemos nosotros lo mismo? ¿No consideramos partes de nuestra cultura, incluso de la cultura de nuestra iglesia, como requisitos para ser parte de la comunidad o incluso de la familia de la fe? Puede ser salvo solo por la fe, pero si es un verdadero cristiano, estudiará la Biblia de cierta manera, educará a sus hijos de cierta manera, o votará de cierta manera, y así sucesivamente. La lista es interminable. Debemos tener cuidado de no requerir más de lo que Jesús requiere y de que nuestras prácticas no creen división en la iglesia.

Versos 15-19 Pablo estaba hablando con Pedro en el versículo 14, y dado que el idioma griego original no usaba comillas, existe un debate sobre dónde termina la cita. Ya sea que todavía se esté citando a sí mismo directamente o solo relatando sus palabras a Pedro por el bien de los gálatas, Pablo continúa su explicación de por qué Pedro se equivocó al dejar de comer con los gentiles. El "nosotros" en el versículo 15 se refiere a Pedro y Pablo. Los judíos tenían algunos privilegios, y lo sabían. Eran recipientes del pacto y de la Torá. Tenían una manera de ser limpios ante Dios, que es de lo que realmente se trataban las restricciones alimentarias. Se entendía que los gentiles eran "pecadores" sin otra forma de ser limpios mas que la de convertirse en judíos. Sin embargo, dice Pablo en el versículo 16, incluso nosotros, los judíos, sabemos que no podemos ser justificados por nada más que por la fe en Cristo.

Esta es la primera vez que usa la palabra "justificado", una palabra importante no solo en el libro de Gálatas sino en toda la Biblia. ¿Qué significa? Ser justificado es ser contado justo ante Dios, recibir una absolución del pecado y también recibir el resumé de Jesús. Esto no podía suceder mediante el cumplimiento de la ley, aunque Pablo sí lo intentó. Entonces, la justificación de antes y la de ahora solo sucede por medio de la fe en Cristo.

En el versículo 17 empezamos a percibir que Pablo está discutiendo con alguien, aunque no estamos seguros de quién. Aquí es donde una técnica llamada 'lectura en espejo' se vuelve útil. La lectura en espejo es el proceso de tratar de inferir lo que no tenemos, el trasfondo o el otro lado de la carta, a partir de lo que sí tenemos. Parece que las acciones de Pablo de comer con "gentiles pecadores" que no seguían las leyes alimenticias judías tenia a los judíos en Jerusalén muy molestos. Deben haber comenzado a preguntar: "Bueno, si Cristo no requiere que guardemos la ley, ¿podemos pecar en todo lo que queramos?" "¡De ninguna manera!" dice Pablo, en un lenguaje muy fuerte. Si comienza las prácticas de guardar la ley ceremonial en las que solía confiar antes de conocer a Cristo para agradar a Dios, simplemente demostrará que no puede cumplirlas. De hecho, Pablo dice en el versículo 19 que él "murió a la ley". En otras palabras, Pablo dejó de usar la ley como una forma de ser salvo.

Si él volviese a las prácticas de guardar la ley ceremonial en las que solía confiar antes de conocer a Cristo para agradar a Dios, lo que demostrará es que no puede cumplir la ley. De hecho, Pablo dice en el versículo 19 que "murió a la ley". En otras palabras, Pablo dejó de usar la ley como una manera de alcanzar la salvación.

Versos 20-21 Obviamente, Pablo no había sido asesinado físicamente como Jesús en la cruz. Pero él había muerto a toda una forma de vida y ahora estaba unido a Cristo. Y esta unidad, está "en Cristo" significaba algo muy serio para Pablo, como debería serlo para nosotros. Si estamos unidos a él, todo lo que es suyo se vuelve nuestro, incluida la obediencia de Cristo durante la vida en esta tierra, su crucifixión, resurrección y ascensión. Él nos ha dado su 'estatus', su posición, su historial. En la oración traducida "He sido crucificado", Pablo usa un verbo en tiempo perfecto, lo que significa un estado que fue verdadero y continúa siendo verdadero. La voz es pasiva, lo que significa que se le hizo a él. Y el modo es indicativo, lo que significa que esto no es una orden sino una declaración de una verdad acerca de él. Pablo no se ganó este estatus, más bien se le fue otorgado a través de la fe en Cristo. De manera práctica, esto significa que Dios nos trata a Pablo y a nosotros como si hubiésemos muerto en la cruz y hubiésemos pagado por cada pecado. Obtenemos su historial, su cuenta, sus ganancias, su pasado. "Lo que ahora vivo", explica Pablo, "lo vivo por la fe, sabiendo cuánto soy amado". "Desechar" es invalidar o abolir. Tratar de ganar justicia o rectitud ante Dios mediante la obediencia a la ley sería invalidar la gracia de Dios, haciendo que su muerte no tuviera propósito. Como escribe

Tim Keller: "Si alguien pudiera salvarse siendo bueno, la muerte de Cristo fue en vano".

¿Lo entendiste? Cuando Dios busca tus méritos, ve los logros de Jesús. Es como si él verificara el saldo de tu cuenta bancaria y en su lugar se mostrara el de Jesús. Él mira tu historial de bondad, santidad y justicia y ve la de Jesús en lugar de la tuya. Esta es una buena noticia si alguna vez la hubo, y tratar de reemplazar el historial perfecto del Hijo del Hombre con tus propios esfuerzos es simplemente una tontería. Ahora podemos vivir, como escribe Pablo, "por la fe en el Hijo de Dios, quien me amó y dio su vida por mí".

Preguntas de reflexión

4. Los judíos tenían que seguir la ley, luego Cristo los liberó de ella, luego volvieron a ella. ¿Qué crees que estaba pasando en sus corazones para que esto sucediera? ¿Cuándo sucede esto en tu corazón?

5. En este pasaje vemos a Pedro (Cefas) actuando como un cobarde cuando ciertos creyentes se acercan, temiéndolos más que a la verdad del evangelio. ¿Cuándo luchas tú con este tipo de temor al hombre?

6. Al elegir Pedro seguir la ley nuevamente, les comunicó a los cristianos gentiles que eran inferiores a los cristianos judíos, lo cual era una mentira. ¿Cuándo has seguido tu alguna práctica que aparenta ser cristiana pero hizo que otros sintieran que no estaban a la misma altura tuya?

7. Cuando Cristo fue crucificado fue como si fuéramos crucificados con él. ¿Por qué es esto importante?

8. Cuando Dios mira tu "cuenta bancaria espiritual" ve a Jesús. ¿En qué áreas de tu vida hace sentido esta verdad? ¿En qué áreas te cuesta creer eso?

Versículo de enfoque: *He sido crucificado con Cristo, y ya no vivo yo, sino que Cristo vive en mí. Lo que ahora vivo en el cuerpo, lo vivo por la fe en el Hijo de Dios, quien me amó y dio su vida por mí. No desecho la gracia de Dios. Si la justicia se obtuviera mediante la ley, Cristo habría muerto en vano».* ***Gálatas 2:11-21***

Reflexiones, curiosidades, frustraciones:

ESTUDIO 4

El Intercambio Injusto

Lee Gálatas 3:1-14

Preguntas de Observación

1. En los versos 1-6, Pablo hace seis preguntas. ¿Sobre qué está preguntando? ¿Cuál es el punto que quiere llevar?

2. Lee Génesis 12:1-3. ¿Cómo se suma a lo que lees en los versículos 7-9?

3. Defina la palabra *maldito*. ¿Quién dice Pablo en el versículo 10 que está bajo maldición? ¿Y quién se convirtió en la maldición (versículo 13)?

Versos 1-6. "¡O Gálatas torpes!" ¿Por qué las palabras duras? Pablo parece estar estupefacto por la incomprensión actual del evangelio por parte de los gálatas mientras les recuerda su pasado. Primero, recuerda que a través de una predicación clara y vívida, les explicó la crucifixión, de modo que Jesús fue "presentado públicamente" como crucificado. Luego, recibieron el Espíritu Santo, no por "obras de la ley", acciones humanas hechas para obedecer la ley del Antiguo Testamento, sino por "oír con fe".

Entonces, ¿qué hicieron los gálatas inicialmente para recibir el don del Espíritu Santo? Oyeron el evangelio y creyeron. Eso fue todo; esa fue su contribución al unirse al reino de Dios. Escucharon y confiaron. Oyeron la verdad de la crucifixión y pusieron su confianza en el que fue crucificado.

"¿Te ha hechizado alguien?" pregunta Pablo en el versículo 3. Es como si les estuviera preguntando: "Si habían nacido por medio del Espíritu a la vida de fe, ¿por qué están cambiando a algún otro método para crecer en su fe?" Pablo les está diciendo a estos santos que la manera en que crecen en el reino debe ser la misma manera en que entraron en el reino: por la fe en Cristo y mediante el poder del Espíritu. Tratar de agradar a Dios mediante la ejecución minuciosa de las obras de la ley ceremonial por sus propias fuerzas, en lugar de confiar en Cristo por el poder del Espíritu, sería "en vano", como escribe en el versículo 4.

La palabra traducida "suministros" en la RV60 y "dar" en la NVI expresa la idea de una cantidad generosa. Dios da una porción generosa del Espíritu a los creyentes, como lo demuestran los milagros que aparentemente los gálatas habían visto en su propia iglesia. La pregunta retórica de Pablo en el versículo 5 los obliga a recordar que Dios les suministró el Espíritu "por el oír con fe".

Luego, Pablo continúa defendiendo la fe al hacer referencia a Abraham. Abraham fue el patriarca, el padre del judaísmo, reverenciado por los judíos como el máximo ejemplo de obediencia. Pablo apunta aquí no a como Abraham guardó la ley sino a su fe. En Génesis 15, Dios le dijo a Abraham que su descendencia sería tan numerosa como las estrellas, aunque en ese momento no tenía hijos. Abraham creyó a Dios, y Dios se lo contó a la cuenta de Abraham como justicia. Dios trató a Abraham como si fuera justo en ese momento, aunque todavía era injusto tanto en su corazón como en su comportamiento. La fe, no las obras, hizo que Abraham estuviera bien con Dios.

Versos 7-9. En el versículo 7, parece que Pablo está respondiendo nuevamente a sus oponentes cuyas palabras no llegamos a leer. Aparentemente les estaban diciendo a los recién convertidos gálatas que la manera de ser hijo de Abraham era seguir la ley. Pablo les dice en cambio que ya se habían convertido en hijos de Abraham por la fe. Continúa citando Génesis 12, explicando que Dios le mostró a Abraham que iba a bendecir no solo a los judíos sino a todas las etnias y culturas a través de él y sus hijos. Abraham confió en las palabras de Dios. Así pues, aquellos gálatas que confiaron en Dios fueron bendecidos como Abraham. Nosotros, entonces, somos hijos de Abraham, no por nuestro linaje, sino porque confiamos en Dios. Podemos ser puertorriqueños, libaneses o canadienses. Ninguno de estos nos da ninguna ventaja o desventaja en términos de crecer en nuestra fe o en ser herederos de esta maravillosa promesa dada a Abraham. La forma en que somos salvos es la misma forma en que

Abraham fue salvo, la misma forma en que los gentiles fueron salvos: por la fe en la promesa de Dios de salvarnos.

Versos 10-14. Pablo termina esta sección hablando de bendiciones y maldiciones, usando varios textos de la ley. Primero explica que tratar de descansar en tus buenas obras en últimas te pondrá bajo maldición. ¿Por qué? Porque no puedes hacer suficientes buenas obras, y no puedes hacerlas a la perfección, que es el requisito para cualquier acceso o conexión con Dios. Él cita Deuteronomio 27:26, enfatizando que "todas las cosas" que están en el Libro de la Ley deben hacerse. No hay calificación con curva si estás tratando de llegar a Dios por medio de buenas obras. O haces todas las cosas y las haces perfectamente, o fracasas. En el versículo 11, Pablo cita Habacuc 2:4, explicando que la fe, no la ley, es la forma de ser justificado ante Dios. El versículo 12 incluye una cita de Levítico 18:5. La ley no se recibe como un regalo gratuito; la ley implica trabajo. La ley no es algo en lo que confías; es algo que haces.

La ley nos ha maldecido porque no podemos obedecerla completamente. Sin Jesús, estamos condenados a ser juzgados por Dios según nuestra obediencia, que es imperfecta. Pero Cristo "nos redimió de la maldición". Esta palabra, redención, tiene un significado profundo. Viene del mundo de la guerra. En la antigüedad, una vez ganada la batalla, algunos hombres del bando perdedor eran inevitablemente tomados como esclavos por los vencedores. Aquellos con importancia y riquezas serían retenidos con un rescate para cuando sus compatriotas obtuvieran el dinero para recomprar su libertad. El proceso de comprarle a los hombres su libertad se llamaba redención. Esto es lo que Cristo hizo con su vida; nos rescató de ser esclavos del pecado. Pablo cita Deuteronomio 21:23 para explicar cómo Jesús se convirtió en maldición por nosotros. Los judíos no consideraban a alguien maldito por haber sido colgado de un madero; más bien, los judíos colgaban a la gente de un árbol para mostrar que ya habían sido maldecidos. Seguramente Pablo se está refiriendo a esto cuando escribe acerca de Jesús colgado de un madero. Jesús se hizo maldición por nosotros; tomó la maldición de la ley por nosotros.

¿Y qué obtenemos a cambio de que él acepte nuestra maldición? Su bendición. Esa bendición que fue prometida a los gentiles a través de Abraham viene a nosotros. Ese es el intercambio. Jesús tomó nuestra maldición y recibimos su bendición--el Espíritu que viene a través de la fe. Pero no es tan solo que él tomó nuestro pecado y por lo tanto volvimos a cero, a neutral. Nos dio también su justicia, su bendición, de modo que ahora somos tratados por Dios como si hubiéramos actuado en cada situación con la integridad de Cristo, la justicia de Cristo, los motivos correctos de Cristo.

Entonces, ¿qué significa esto para nosotros en un sentido práctico? ¿Cómo nos apropiamos de esta posición ante Dios mientras buscamos crecer como cristianos? Significa que, si hemos confiado en Cristo para la salvación, comenzamos cada día sabiendo que ya somos aceptados. Caminamos a través del día sabiendo que cuando le gritamos a nuestros hijos, le faltamos el respeto a nuestros jefes, o codiciamos en nuestros corazones, nuestra "cuenta de justicia" no disminuye. Nuestra posición ante Dios no cambia. Incluso en los momentos en los cuales gritamos, faltamos al respeto o codiciamos, Dios todavía ve nuestro historial como si actuáramos fielmente, con la mayor rectitud. Como si habláramos con perfecto amor a nuestros hijos y jefe. Como si miráramos todas las cosas buenas y bellas sin rastro de codicia en nuestros corazones.

¿Cómo es esto posible? ¿No somos todavía pecadores en ese momento? Si. Pecadores que andan con el récord de Cristo delante de Dios. ¿Suena injusto? Absolutamente lo es. Pero el evangelio no es justo; el evangelio es un regalo, un intercambio absurdo de la obediencia de Jesús por nuestro pecado. 'No', Pablo nos diría incluso ahora, 'no regresen a alguna otra manera de tratar de lograr una buena reputación ante Dios'. La única manera de lograr un buen estatus con Dios es por la fe en el estatus de Cristo. Para los gálatas, la vida ahora tenía que ordenarse no mediante el guardar cuidadosamente las ceremonias judías, sino sobre el fundamento inmovible de la justicia de Cristo. Esto se llama justicia pasiva, y es el único lugar donde podemos encontrar seguridad total desde la cual vivir por fe. Debido a que ya somos suficientes en Cristo, no necesitamos encontrar nuestro estatus o valor en nuestro cuerpo perfectamente vestido y esculpido, nuestro servir en todos los comités de la iglesia, nuestro hogar limpio y decorado con buen gusto, o nuestros hijos que se portan bien. Nosotros, como individuos y como iglesia, podemos vivir como personas completamente amadas y queridas, tal como Pablo exhorta a los gálatas que así hagan.

Preguntas de reflexión

4. La fe aplicada a través del Espíritu es lo que salva, no el hacer las obras de la ley. ¿Por qué es más fácil confiar en nuestro "hacer" que en nuestro "creer"?

5. En este pasaje, Pablo magnifica la verdad de que tratar de ser aceptado por Dios a través de buenas obras en realidad traerá una maldición. ¿Cómo quizás es esto diferente a lo que te enseñaron? ¿Quién te enseñó eso?

6. La *redención* es un término antiguo de tiempos de guerra que significaba volver a comprar a tus compatriotas que habían sido capturados por el enemigo. ¿De qué manera el contexto detrás de esta palabra cambia su punto de vista sobre la redención que Cristo hizo por ti?

7. Cuando Cristo te dio su justicia, no solo quitó tu pecado, sino que te dio bendición en su lugar. ¿Cómo cambia o añade esto a tu comprensión de lo que es el evangelio?

8. El evangelio es un intercambio injusto que nos hace ser siempre aceptados ante Dios todos los días, sin excepciones. ¿Crees tu esto? ¿Por qué o por qué no?

Versículo de enfoque: *Solo quiero que me respondan a esto: ¿Recibieron el Espíritu por las obras que demanda la ley, o por la fe con que aceptaron el mensaje? ¿Tan torpes son? Después de haber comenzado con el Espíritu, ¿pretenden ahora perfeccionarse con esfuerzos humanos?* **Gálatas 3:2-3**

Reflexiones, curiosidades, frustraciones:

ESTUDIO 5

De Esclavo a Hijo

Lee Gálatas 3:15-4:7

Preguntas de Observación

1. Resume lo que dice el capítulo 3, versículos 15-18, acerca de la promesa y la ley.

2. Según el capítulo 3, versículo 19, ¿por qué se añadió la ley? ¿Quién la dio?

4. ¿Qué dice el capítulo 3, versículos 21-29, acerca de la ley? ¿Y sobre la fe?

3. Describe lo que Cristo hizo y el impacto que tuvo en los destinatarios de esta carta desde el capítulo 4, versículos 1-7.

Capítulo 3, versos 15-22 Recuerde que en la primera parte del capítulo 3, Pablo les recuerda contundentemente a los gálatas que fueron salvos y que recibieron el Espíritu por medio de la fe, no siguiendo la ley. Luego les explica que tratar de seguir la ley para ganar la salvación trae maldición, y que todos nosotros podemos recibir la bendición prometida a Abraham si somos como él; alguien quien confió en las promesas de Dios. Entonces ahora Pablo argumenta desde un ángulo diferente: el de un pacto. Los judíos habían entendido de Génesis 15 que Dios había hecho un pacto con Abraham, prometiéndole que los descendientes de Abraham serían tan numerosos como las estrellas y que ellos poseerían la tierra (Génesis 15:17-21). Abraham le creyó a Dios. Tomase un minuto y lea Génesis 17:1-8, donde Dios le recordó a Abraham este pacto y le dio un poco más de información sobre él.

Comenzando en el versículo 16, Pablo se refiere a este pasaje de Génesis 17 y, poco a poco, se los explica a los gálatas. Las promesas, dice Pablo, fueron hechas a Abraham y a una sola simiente, una persona sobresaliente en una larga línea de personas nacidas de los descendientes de Abraham. Esta "descendencia" particular y especial es Cristo. La bendición máxima que provino de la promesa de Dios a Abraham fue el Salvador del mundo, Jesús. Así fue como Dios bendijo a todas las naciones del mundo a través de Abraham, al hacer uno de sus tátara, tátara, tátara nietos a Jesús mismo.

Entonces, ¿de qué están hablando los versículos 15, 17 y 18? Otra forma de leer el versículo 15 podría ser: "Usemos un ejemplo de la vida cotidiana: incluso con un testamento, nadie lo cancela ni le agrega cosas una vez que todos lo han firmado". Para establecer un paradigma útil, piense en este escenario. Digamos que tu abuelo tiene un huerto de papayas. Un día te dice: "Cuando yo muera, heredarás el huerto de papayas". ¿Qué debes hacer para conseguir ese huerto? Todo lo que necesitas hacer es confiar lo suficiente en la palabra de tu abuelo para aparecer y tomar posesión del huerto cuando muera. La tierra es un regalo para ti, sin requisitos ni prerrequisitos para tu posesión. Ahora, imagina que mientras tu abuelo aún vive, te da un manual para cuidar el huerto. Ahora bien, ¿cómo llegas a poseer el huerto? De la misma manera que lo hubieras hecho antes de recibir el manual e independientemente de si lo seguiste o no. El huerto es un regalo para ti, una herencia cuando tu abuelo muera. No puedes ganarte ese huerto usando el manual más de lo que lo hiciste el día que él escribió tu nombre en su testamento. Obtienes el huerto de cualquier manera porque él te lo prometió.

Esto es lo que Pablo está diciendo en los versículos 17 y 18. Dios le hizo una promesa a Abraham, y él la ratificó en Génesis 15 al aparecer como una antorcha encendida que se mueve a través de las mitades de los animales. Efectivamente, le estaba diciendo a Abraham: "Hágase conmigo como con los animales si no cumplo esta promesa contigo y con tu descendencia". Durante 430 años nacieron, vivieron y murieron personas, siendo salvadas únicamente por esta promesa; la ley ni siquiera existía todavía. Entonces, ¿cómo podría la ley anular repentinamente la promesa? No podía. La bendición de Jesús fue dada como una promesa. La salvación en Jesús viene por la fe. La ley nunca puede cambiar eso.

Pablo continúa, anticipando la siguiente pregunta lógica de sus oponentes: Entonces, ¿para qué era la ley? La ley fue dada para que podamos reconocer nuestro pecado. ¿Cómo es eso? ¿Cómo podríamos nombrar o codificar el mal en nuestros corazones sin algún tipo de estándar con el que podamos compararnos? ¿Cómo podríamos entender claramente la santidad de Dios y nuestra falta de santidad a menos que hubiera algún código o estándar de rectitud en el mundo para sostener como guía o medida de lo que es la bondad? La ley nos mostró nuestro pecado hasta que vino Jesús, la "descendencia". La ley fue establecida a través de Moisés, llamado aquí un "intermediario" porque las dos partes en disputa (Dios y los humanos) necesitaban un mediador.

Por supuesto, la ley no contradice la promesa; sólo tiene funciones diferentes. La ley, o "La Escritura" en el versículo 22, "aprisionaba todo bajo el pecado" y como escribió Juan Calvino, "encierra a todos los hombres bajo acusación y por lo tanto, en lugar de dar, quita la justificación". La ley existe para que podamos ver que no podemos cumplirla, que no podemos satisfacerla. Solo cuando nos damos cuenta de esta verdad tenemos alguna motivación para arrepentirnos y creer en algo fuera de nosotros mismos para la salvación.

Versos 23-26. Pablo continúa usando dos metáforas para explicar la relación de Israel con la ley antes de que viniera Cristo. Primero, la ley era como un carcelero, encerrando a las personas en la celda del pecado, sin ofrecerles ayuda para escapar. Estaba protegiendo a Israel, confinándola como una prisionera "antes de que viniera la fe". Pablo no quiere decir que nadie en el Israel del Antiguo Testamento tenía fe; acaba de terminar de decirles a los gentiles que deben emular la fe de Abraham. Quería decir que no podían tener fe en el Cristo encarnado antes de que él viniera. Israel estaba "cautivo bajo la ley". Para su segunda metáfora, Pablo se refiere a la ley como un guardián en el versículo 24. Se está refiriendo a la práctica del primer siglo de una familia que contrata a alguien para que sea una especie de custodio de un niño de siete a diecisiete años. Esta persona, generalmente un esclavo, se habría asegurado de que el niño hiciera sus tareas, actuara con buenos modales y hábitos, y llegara todos los días a la casa de su maestro para recibir lecciones apropiadas para su edad. Pablo está explicando que la ley era este guardián de Israel, trabajando para moldear su comportamiento y, en última instancia, conducirla a su verdadero maestro, Cristo. Nunca se esperó que el guardián fuera el maestro, solo el que llevaba al niño al maestro. De la misma manera, la ley nunca fue para dar salvación a Israel sino para conducirla a quien pudiera.

Podemos apresurarnos a querer cambiar la frase "hijos de Dios" por "hijos e hijas de Dios" en el versículo 26. No deberíamos estarlo. En el mundo de Pablo, ser hijo garantizaba un cierto estatus y un derecho a la herencia del padre que una hija nunca tendría. Además, Dios se refirió a Israel como su "hijo" en el Antiguo Testamento. El hecho de que Pablo escribiera estas palabras tanto a hombres como a mujeres, tanto judíos como gentiles, fue revolucionario y les confirió a todos un estatus sin precedentes. Nota que no había un llamado a "ser como" hijos de Dios o a "actuar como" un hijo de Dios. Esta es una declaración de hecho: en Cristo, ya somos hijos de Dios, a través de la fe.

Versos 27-29. Puede parecer aquí que Pablo está equiparando el acto ceremonial del bautismo con la salvación. De hecho, lo está usando como una especie de abreviatura para referirse a todo lo que implica convertirse en creyente y vivir una nueva vida en Cristo. Los nuevos conversos a menudo usaban túnicas blancas para simbolizar su nueva vida. Pablo puede estar refiriéndose a esto como el "revestimiento" de Cristo. Este hecho, de que estos creyentes estuvieran "en Cristo", se convirtió en su identidad principal, antes que su identidad como gentil o judío, esclavo o libre. Su unidad en Cristo era más fundamental que sus diferencias superficiales. Pablo no les está diciendo a los gálatas que olviden que aquellos en su iglesia tienen diferentes razas o estados socioeconómicos o géneros. Está demostrando el hecho de que la unidad que los creyentes tienen en Cristo tiene prioridad sobre cualquier cosa que pueda dividirlos. No está diciendo que deban olvidar su cultura, incluidas sus prácticas, música, vestimenta, idioma y comida. Él está diciendo que la cultura es secundaria a la unidad que estos creyentes ahora disfrutan. Él no le está diciendo a esta iglesia multirracial y multicultural que ignore sus géneros o sus diferentes roles o que trate de ser homogénea. En cambio, está diciendo que cualquiera que sea su categoría, son uno en Cristo. Y si están en Cristo, quien es del linaje de Abraham, han llegado a ser herederos de la promesa como también lo fue Abraham. Lo mismo es cierto para nuestra iglesia hoy. Pablo nos instruiría a no pasar por alto nuestras diferencias culturales sino a celebrarlas. Pero nos recordaría que cualquier asociación o afiliación de identidad personal debe ser secundaria a la unidad que tenemos en Cristo.

Capítulo 4, versos 1-7. En los días de Pablo, si el padre de un niño moría cuando el niño era pequeño, los "tutores y administradores" manejaban los asuntos de la propiedad hasta que el niño alcanzaba la mayoría de edad. Mientras fuese menor de edad, aunque el niño técnicamente era dueño de todo, no era libre de ejercer ninguna autoridad. De esta manera, era como un esclavo, subordinado, sujeto a los demás. Los judíos practicaban principios ceremoniales como la circuncisión y la restricción de ciertos alimentos. Pero entonces llegó una nueva era. "El cumplimento del tiempo" significa que Dios había determinado un cierto tiempo apropiado para la nueva era. Cuando llegó ese momento, Dios envió a Jesús a nacer del vientre de una mujer, en una familia judía. De esta manera, él era completamente humano y también estaba obligado a guardar la ley. Solo podía comprar a aquellos esclavizados por la ley si él mismo vivía perfectamente bajo ella. Esta es la imagen de la redención: comprar la libertad de un esclavo. A través de su obediencia y sacrificio, Jesús compró la libertad de los judíos de la esclavitud de la ley y la libertad de los gentiles de la esclavitud de cualquier estándar que trataran de mantener.

¿Por qué Pablo usa ahora un lenguaje de adopción? La redención y la adopción son dos partes de nuestra salvación. Jesús primero compra nuestra libertad, pero no se queda ahí. Él también nos hace sus hijos. Como explica Tim Keller: "En el mundo grecorromano, un hombre rico y sin hijos podía tomar a uno de sus sirvientes y adoptarlo. En el momento de la adopción, dejó de ser esclavo y recibió todos los privilegios financieros y legales dentro de la herencia como hijo y heredero". Esto, dice Pablo, es lo que Dios hace con nosotros. Él compra nuestra libertad a través de la vida y muerte de Cristo y luego nos hace parte de su familia, con todos los beneficios adjuntos.

Pero aún hay más. Luego envía al Espíritu Santo a nuestros corazones. Mientras Jesús logra objetivamente nuestra salvación, comprándonos legalmente un estado de justicia, el Espíritu Santo aplica personalmente esa salvación a nosotros. Él nos ayuda a sentir el amor del Padre y saber que somos suyos. Él agita nuestras emociones para que esa verdad objetiva se convierta en una experiencia subjetiva. Comenzamos a sentir la libertad de hablar con Dios como lo haría un niño, hablándole en términos familiares y cómodos como "Abba", que traduce a "Padre". Como hijos ya no somos esclavos sino herederos legítimos de la promesa hecha hace cientos de años a Abraham. Los gálatas, y nosotros como creyentes, hemos pasado de ser esclavos que seguían reglas a ser hijos amados y libres con una herencia, todo porque estamos "en Cristo".

Preguntas de reflexión

4. ¿Cómo te ayuda la analogía del huerto de papayas a entender la relación de la promesa y la ley? ¿En qué áreas, si es que hay alguna, sigues luchando por comprender la relación entre las dos?

5. Pablo explica a través de dos analogías que la ley era como una celda de prisión, exponiendo el pecado, y como un guardián, guiando a los pecadores. ¿De qué manera ha cumplido la ley esas funciones en tu propia vida?

6. Fue revolucionario en los días de Pablo que tanto a los judíos como a los gentiles se les diera, no ganaran, el estatus y los beneficios de ser "hijos de Dios". ¿Se siente revolucionario en tu vida hoy? ¿Por qué o por qué no?

7. Pablo dice que si bien la nacionalidad, el género y el nivel socioeconómico son importantes, nuestra identidad debe definirse por estar "en Cristo". ¿Cómo haces para hacer sentido de esto en tus luchas personales de identidad? ¿Dónde te resistes actualmente a este tipo de unidad en la iglesia?

8. Pablo aclara que no solo somos liberados de la esclavitud, sino que somos adoptados y se nos otorgan todos los derechos de un heredero. ¿En qué situaciones te cuesta creer que eres más que libre sino también adoptado? ¿Por qué?

Versículo de enfoque: *Ustedes ya son hijos. Dios ha enviado a nuestros corazones el Espíritu de su Hijo, que clama: «¡Abba! ¡Padre!» Así que ya no eres esclavo, sino hijo; y, como eres hijo, Dios te ha hecho también heredero.* ***Gálatas 4:6-7***

Reflexiones, curiosidades, frustraciones:

ESTUDIO 6

¿Por qué quieren regresar?

Lee Gálatas 4:8-31

Preguntas de Observación

1. Reescribe los versículos 8 y 9 en tus propias palabras.

2. ¿Qué aprendemos en los versículos 12-20 sobre la relación de Pablo con los gálatas?

3. En los versículos 21-31, ¿cuales son las diferencias que Pablo señala entre los hijos de Agar y los de Sara? ¿Cómo se conecta eso con los gálatas?

Versos 8-12 En la segunda mitad del capítulo 4, Pablo vuelve a hablar de Abraham y cita del Antiguo Testamento. Pero primero habla de la falta de crecimiento espiritual de los gálatas y luego de su relación con ellos. Pablo comienza volviendo a sus días anteriores a la conversión. Antes de conocer al Dios verdadero, los gálatas probablemente adoraban a "seres espirituales" o dioses falsos que exigían ofrendas. Pero cuando llegaron a conocer a Dios de una manera íntima y, más importante aún a ser conocidos por Dios mismo, dejaron todas esas cosas sin valor. Pablo argumenta que al tratar de volverse como los judíos en su práctica, estaban regresando a la adoración vacía que habían dejado. En lugar de alcanzar un nivel más profundo de espiritualidad, en realidad estaban retrocediendo. Probablemente estaban observando los días sagrados ceremoniales judíos y otros festivales, lo que habría sido un gran compromiso y un cambio de estilo de vida. Sin embargo, al hacer esto, perdieron todo el sentido de esas ceremonias, que apuntaban hacia la completa suficiencia de Cristo para su salvación. En lugar de confiar en Cristo, la sustancia, regresaban a las sombras ceremoniales. Todo esto parecía ser evidencia para Pablo de que estos cristianos estaban en riesgo, que sus esfuerzos por predicarles a Cristo habían sido inútiles. Cuando les dice que sean como él, Pablo quiere que sean libres de la ley ceremonial, como él. En cierto sentido, se volvió como los gentiles, sin seguir las prácticas judías con las que había crecido.

Vale la pena señalar que siempre existirá la tentación de confiar en nuestros esfuerzos en lugar de confiar en nuestro Dios. Cuando sustituimos cualquier práctica por la fe en Dios, esa práctica eventualmente nos hará sus esclavos. Anhelamos algo que nos permita evitar depender de Cristo en nuestra debilidad. Un programa que nos da tres pasos fáciles para ser fieles a Dios o para hacer buena disciplina espiritual y así marcar nuestra listita de todos los días a menudo lo que sirve es para alimentar nuestro orgullo y creemos que es mejor que esperar al Señor con fe.

Versos 13-18. Aparentemente, Pablo tenía alguna enfermedad o dolencia que ocasionó su visita inicial y estadía con los gálatas. En aquel momento, una enfermedad de cualquier tipo podría haber sido interpretada como una especie de posesión demoníaca. Pero los gálatas habían aceptado a Pablo de todos modos, dándole la bienvenida con honor y respeto, como a un amigo. Le habían servido con sacrificio. Ahora parecían estar escuchando a los agitadores entre ellos, los "falsos hermanos" o judaizantes, quienes pueden haber estado diciéndoles a los gálatas que Pablo era su enemigo.

Pablo no tenía nada en contra del entusiasmo. Pero el tipo de entusiasmo y celo que los judaizantes tenían por los gálatas no era para el bien de ellos; era para el beneficio de los judaizantes. Estos hombres querían que los gálatas se aislaran de Pablo y que se asociaran únicamente con ellos. No estaban motivados por el deseo de sacrificarse por o amar a los gálatas, como lo había hecho Pablo. De hecho, este fue en realidad un intento de ganarse la salvación por medio del ministerio. Sí, incluso el ministerio puede ser a lo que vamos como la forma de ganar nuestra posición correcta ante Dios.

Pablo habla de la conversión y el crecimiento de los gálatas como un nacimiento, como la formación de Cristo en ellos. Esto no es solo un cambio externo de lealtad. Ser cristiano es un proceso de por vida para llegar a ser como Cristo, "hasta que Cristo sea formado en ustedes" (verso 19). Pablo había visto los comienzos de esta formación de "Cristo en ellos" cuando había estado junto a ellos antes. Ahora, como una madre desconcertada al ver a sus hijos extraviarse, él deseaba poder volver a hablarles suavemente, pero debe ser severo para advertirles del peligro claro y presente.

Versos 21-27 Es como si Pablo estuviera diciendo aquí: "¿Estás seguro de que entiendes esta ley bajo la cual quieres estar?" Los judaizantes habrían estado muy familiarizados con la historia de Sara y Agar, y probablemente la estaban usando en sus argumentos con los gálatas para convencerlos de que debían volverse judíos en la práctica. Pablo les virará la torta de su argumento. Para entender los versículos 21-31, primero debemos recordar la historia de Sara y Agar. Tómese un minuto para leer Génesis 16. Dios le había prometido a Abraham un heredero de su propio cuerpo a través de un pacto, pero habían pasado muchos años desde entonces y Sara aún no estaba embarazada. Así que Sara tomó las cosas en sus propias manos y le dio a su sierva, Agar, a Abraham. Básicamente, Sara le dijo a Abraham que dejara embarazada a Agar, lo cual hizo. Esto se logró únicamente por medios naturales, por voluntad humana. Debido a que Agar era una esclava (que pertenecía a Abraham como sirvienta), cualquiera de sus hijos habría sido considerado esclavo también.

Años más tarde, Sarah finalmente dio a luz a Isaac, aunque ya había pasado por la menopausia. Claramente Dios intervino para darle un hijo. Pablo está contrastando a estos dos hijos de Abraham. Uno, Ismael, nació de una esclava, "según la carne", sin intervención especial de Dios o medios milagrosos. Ismael corresponde al monte Sinaí, donde se dio la ley a Moisés y a los israelitas. El otro niño, Isaac, nació "a través de la promesa", porque Dios permitió que una anciana quedara embarazada. Aunque Pablo no terminó su analogía, podemos suponer que hubiese dicho que Isaac corresponde al pacto que Dios hizo con Abraham. Pablo nos está diciendo que, sí, la relación con Abraham es importante, pero hay una forma correcta de relacionarse con Abraham y una forma incorrecta. Puedes asemejarte a él por su fe del Espíritu o por sus obras hechas según la carne. La que es por fe es la que te identifica como su heredero.

¿De qué trata todo ese discurso sobre Jerusalén? Durante los días de Pablo, Jerusalén era el centro del judaísmo, que dependía de la ley, no de Cristo, para la salvación. Luego, Pablo cita Isaías 54, que fue escrito originalmente para los exiliados judíos que vivían en Babilonia, quienes probablemente creían que nunca volverían a ver a Jerusalén como su hogar, próspera y llena de vida. Por lo tanto, esta Jerusalén fue representada como una mujer estéril. Pero Dios usó a Isaías para decirle a su pueblo que el exilio llegaría a su fin y que habría un tiempo de alegría para Israel. Entonces, la ciudad sería como una mujer estéril que se convirtió en una mujer fértil, teniendo muchos hijos. Esto fue motivo de regocijo. Lo mismo fue cierto para

Sara. Ella, la mujer estéril, eventualmente tuvo muchos descendientes.

Versos 28-31 Pablo ahora regresa al tema de Isaac, el hijo de la promesa. Así como Isaac nació como resultado de una promesa hecha a Abraham, sus hermanos los gálatas nacieron espiritualmente como resultado de una promesa hecha a Abraham y no porque guardaran la ley. Y así como Isaac fue perseguido por Ismael (probablemente una referencia a Génesis 21:9, donde Ismael se rio de Isaac), los hijos de la promesa siempre son perseguidos por los hijos de la esclava. Tim Keller nos ayuda aquí: "Pablo está afirmando rotundamente que los hijos de la esclava, aquellos que buscan la salvación a través de la obediencia a la ley, siempre perseguirán a los hijos de la mujer libre, aquellos que disfrutan de la salvación por gracia. . . . ¿Por qué así? Porque el evangelio es más una amenaza para las personas religiosas que para las personas no religiosas".

Sara eventualmente le dijo a Abraham que echara a Agar fuera de su campamento y al desierto con Ismael. Pablo les está diciendo a los gálatas que el pacto dado en el Sinaí y la forma en que esclaviza deben ser desechados. ¿Puedes oír lo que nos diría? "¡No pruebes el camino de Agar! No intentes nacer o crecer espiritualmente cumpliendo con un estándar, completando un requisito o viviendo a la altura de un ideal". Ya sea que estes administrando tus finanzas de cierta manera, ofreciéndote como voluntario en la iglesia, logrando un peso corporal ideal o cualquier otra medida de estatus ante Dios u otras personas, no es ahí donde encuentras su identidad. Ninguno de estos es el camino para nacer o crecer como creyente. Solo la confianza en la promesa de Dios puede hacerte libre. Cuando intentas complacer a Dios o encontrar tu identidad en cualquier otro lugar que no sea su amor por ti te harás un esclavo.

Preguntas de Reflexión

4. Pablo está entristecido y conmocionado por estos cristianos que habían atrasado su crecimiento espiritual por escuchar un evangelio falso. ¿Alguna vez has tenido una temporada en la que has atrasado o estancado tu crecimiento espiritual por razones similares? ¿Cuándo?

5. Pablo tenía una relación cercana con los gálatas en el momento de su conversión, y ahora las mentiras y los falsos maestros habían causado una tensión dolorosa entre ellos. ¿Alguna vez ha experimentado ese tipo de angustia con un compañero creyente al verlo cambiar de manera similar? ¿Cuál es el estado actual de esa relación?

6. ¿Cómo se ve prácticamente depender de Cristo en tu debilidad en lugar de volver "a la ley"?

7. Tim Keller dice que "el evangelio es más amenazante para las personas religiosas que para las personas no religiosas". ¿Qué crees que quiere decir? ¿Crees que esto es cierto?

8. ¿Qué cosa estas usando en la actualidad para la ecuación 'Jesús + algo 'para obtener el favor de Dios en lugar de descansar por fe en su amor? ¿De qué necesitas arrepentirte?

Versículo de enfoque: *Pero, ahora que conocen a Dios, o más bien que Dios los conoce a ustedes, ¿cómo es que quieren regresar a esos principios ineficaces y sin valor? ¿Quieren volver a ser esclavos de ellos?* **Gálatas 4:9**

Reflexiones, curiosidades, frustraciones:

ESTUDIO 7

La Libertad y el Espíritu

Lee Gálatas 5

Preguntas de Observación

1. En los versículos 1-6, ¿qué les está diciendo Pablo nuevamente acerca de la circuncisión y el cumplimiento de la ley?

2. En los versículos 7-12, ¿de qué está seguro Pablo que les sucederá a los gálatas? ¿Qué quiere que le suceda a los que los engañaron?

3. Escriba la lista de las obras de la carne versus las obras del Espíritu (versículos 16-26).

Versos 1-6. Toda la carta de Gálatas podría resumirse en el versículo 1. "Estad firmes" es la traducción de una palabra griega que proviene del contexto militar, ordenando a la iglesia en Galacia a estar alerta y fuerte mientras resisten ataques a su fe. Estos sí fueron ataques ya que los judaizantes intentaron alejar a estos hermanos y hermanas del evangelio hacia algún otro sistema de relación con Dios. Hubo un tiempo en que eran paganos, esclavos de dioses falsos. Pablo les está diciendo que si "aceptan la circuncisión", convirtiéndola en una insignia de honor, volverán a ser esclavos, esta vez de la ley. Parece que estos creyentes ya habían comenzado a practicar algunos aspectos del judaísmo como celebrar las estaciones y los días santos, pero aún no se habían circuncidado. Pablo está diciendo que estos hermanos, en lugar de dar un paso hacia la intimidad con Dios, en realidad se alejarían de Dios y regresarían a una religión de esclavitud si fueran circuncidados. Esencialmente está diciendo que hay dos caminos hacia la justificación: el camino de trabajar para la aceptación de Dios y el camino de la gracia. Si te circuncidas, has elegido el camino de las obras de justicia y no tienes lugar para la gracia de Dios.

Lo que los líderes de los judaizantes pueden haberle omitido a los gálatas es que no solo tendrían que celebrar días santos y ser circuncidados, sino que también tendrían que guardar, perfectamente, todas las 613 leyes que los judíos tenían en el Antiguo Testamento. Dado que ese requisito es imposible de cumplir para nosotros, este sistema nunca podría ser el camino a la salvación.

Las palabras de Pablo aquí sobre la circuncisión habrían sonado radicales para su audiencia. A diferencia de los que dicen que hay un código moral complicado que debemos seguir al pie de la letra para ser salvos, Pablo les está diciendo a estos hermanos y a nosotros que es el amor habilitado por el Espíritu lo que debe dictar nuestras acciones. Nuestra fe se manifiesta a través del amor empoderado por el Espíritu, no del cumplimiento de la ley. En otra ocasión, Pablo estaba dispuesto a circuncidar a Timoteo para tener acceso a compartir el evangelio de Jesús con algunos judíos incrédulos, quienes no se asociarían con ningún incircunciso (Hechos 16:3). Pero en este caso de Galacia, sin embargo, eran cristianos judíos profesantes que insistían en la circuncisión. Si Pablo estaba de acuerdo, la circuncisión esclavizaría a los creyentes gentiles a la ley ceremonial y distorsionaría el evangelio.

Versos 7-12 Pablo usa una de sus imágenes favoritas para la vida cristiana: una carrera. Los gálatas estaban progresando a buen ritmo, creciendo por la fe. Pero alguien intervino y los estorbó, convirtiéndose en un obstáculo en su camino. "Un poco de levadura fermenta toda la masa" era un proverbio muy conocido en los días de Pablo. La levadura se usaba a menudo para hacer que se levantara una masa entera. Ella se esparcía por toda la harina hasta que la harina se afectara por completo. De la misma manera, Pablo veía la influencia de unos pocos hermanos falsos esparciéndose a través de la iglesia de Galacia. Y, sin embargo, tiene confianza en que los destinatarios de su carta verán las mentiras de los judaizantes por lo que son, y que los agitadores serán castigados por Dios por lo que están haciendo. Note que Pablo confía en que habrá castigo y pena para cualquiera que intente agregar requisitos para la salvación aparte de confiar en Cristo para el evangelio. Debemos tener mucho cuidado de no poner una carga pesada sobre ningún hermano o hermana al insistir en algún tipo de obra como una forma de ganar el favor de Dios.

Aparentemente, debido a que Pablo había permitido que Timoteo fuera circuncidado (ver Hechos 16), algunos decían que él estaba predicando la circuncisión. Pablo argumenta que si lo estuviese haciendo, los judíos y los judaizantes no estarían tan enojados con él. No estaba predicando la circuncisión sino la cruz, que siempre es ofensiva. La cruz proclama audazmente a toda la humanidad que no pueden salvarse a sí mismos. Nos dice que necesitamos un salvador, lo cual es extremadamente insultante para un corazón orgulloso. Pablo termina sus palabras sobre la circuncisión con una declaración cruda y audaz. En efecto, está diciendo que si estos agitadores iban a darle tanta importancia a cortar un pequeño trozo de carne, desearía que siguieran adelante y cortaran todo el órgano. Pudo haber estado haciendo referencia a algunos sacerdotes de Cibeles, una diosa. Aparentemente, algunos de sus seguidores se cortaban los testículos en servicio a su deidad.

Versos 13-15 Aquí viene un gran cambio. La mayor parte de la carta de Pablo trata sobre la relación de los gálatas con la ley y el hecho de que fueron salvos por la fe y crecieron por la fe, y no por ser más judíos o más respetuosos de la ley. Podríamos usar una palabra para resumir el pensar que seguir las reglas puede salvarte: legalismo. Si el cristianismo va por el camino de la gloria, debemos evitar caer en la zanja del legalismo por un lado. Pero hay otra zanja al otro lado del camino: licencia. La libertad que Pablo ha estado explicando a lo largo de esta carta es la de librarse de la esclavitud de tratar de cumplir con un estándar. Pero esta libertad es algo muy diferente a la idea de autogobierno, que nuestra cultura glorifica. Cristo no nos liberó para que fuéramos y nos sirviéramos a nosotros mismos, sin obedecer a nadie. De hecho, la palabra que usa para "servir" en el versículo 13 en la frase "sírvanse unos a otros con amor" es en realidad la palabra "esclavo". Cuando Cristo nos libera de nuestra esclavitud a la ley y ceremonias judías, o de cualquier otro estándar que nos haga pensar que lograremos una buena reputación ante él, él lo hace para que podamos ser esclavos unos de otros. Hemos sido liberados de nuestra propia esclavitud al pecado para que realmente tengamos la oportunidad de amar a alguien más. Esto es imposible sin la intervención de Dios en el corazón de un ser humano. Las palabras de Pablo sobre 'morder' y 'devorar' presentan una imagen de animales salvajes, sirviéndose sólo a sí mismos. Probablemente se esté refiriendo a interacciones específicas que suceden en la iglesia de Galacia. En vez de perder tiempo con estas riñas, que son egocéntricas, Pablo está llamando a estos hermanos a una vida constreñida por el amor, que es abnegado.

Versos 16-21 El sacrificarse no es fácil. Naturalmente, no queremos amar a otras personas, ponerlas en primer lugar o renunciar a nada para que puedan florecer. Sin algún tipo de intervención, es imposible para nosotros hacer otra cosa que complacer nuestros propios deseos. Aunque los gálatas han sido liberados de la esclavitud de cumplir la ley o de cualquier otra norma para obtener la aprobación de Dios, ¿debemos estar junto a ellos atrapados en la esclavitud de complacernos a nosotros mismos? Gracias a Dios, hay otro camino: el camino del Espíritu. No nos han dejado solos para luchar contra nuestra lujuria e idolatría de las cosas buenas que Dios hizo. En cambio, se nos ha dado el Espíritu Santo, que vive en nosotros, capacitándonos para vivir una vida de fe.

Aunque la palabra "deseos" en el versículo 17 es en realidad neutral, nuestra naturaleza pecaminosa corrompe nuestros deseos, alejándolos de Dios. Estos son anhelos que nos impulsan y controlan. A menudo no son deseos por cosas malas sino por regalos buenos que Dios ha dado: la belleza, el sexo, la comodidad, la intimidad, etc. Pero nuestra carne convierte estas cosas buenas en cosas últimas o ídolos que le exigimos a Dios. La realidad es que hay dos naturalezas (y, por lo tanto, dos tipos de deseos) obrando en nosotros: la carne y el Espíritu Santo. Están en guerra dentro de nosotros cada momento de cada día. Sin embargo, hay una fuerte esperanza que se nos da en el versículo 17: "para que no puedan hacer lo que quieren". Pablo nos está diciendo que lo más verdadero de nosotros, lo que nos caracteriza como creyentes, es el deseo de agradar a Dios. Este deseo puede a veces estar desgastado, fallido y débil, pero es la verdadera ambición de nuestro corazón: amar a Dios. Esta es la obra del Espíritu, que rechaza la idolatría que hacemos de las cosas buenas de este mundo y, en cambio, dirige nuestros deseos hacia Jesús.

Pablo usa la palabra carne, o sarx, muy deliberadamente en sus cartas. Aquí describe las cosas que hacen las personas cuando son controladas por los deseos perversos de su carne. Las listas de conductas inaceptables, como la que Pablo usa aquí, eran comunes en este tiempo. El sexo entre personas solteras era común en la cultura romana del primer siglo, al igual que un "apertura" sexual generalizada que rodeaba a la iglesia de Galacia. El libertinaje se refiere a la vida salvaje, la vida de quien vive solo para la próxima fiesta. La idolatría era adorar cualquier cosa que no fuera Dios. La brujería inicialmente se trataba del consumo de veneno y otras drogas mientras se practicaba la magia, pero luego se convirtió en el uso de la magia en sí. La enemistad es el odio y las expresiones de este, que conducen a la contienda, a las disputas ya las peleas. Los arrebatos de ira son ataques de enojo.

La embriaguez en el versículo 21 se refiere a ir de juerga, a una borrachera. Las orgías aquí no eran solo sexuales, aunque pueden conducir a eso. La palabra orgía se usó originalmente para referirse a las fiestas que se daban en honor a los dioses griegos, que generalmente involucraban mucho alcohol y luego placer sexual. Note que Pablo no está escribiendo a un grupo de personas extremadamente autodisciplinadas y prístinas que no saben nada del pecado o de las cosas que suceden bajo la influencia del alcohol en la noche. El evangelio de la gracia está disponible para personas con cualquier tipo de historia. Note también que Dios, a través de Pablo, no eleva la importancia de los pecados externos "más sucios" o "peores" que involucran drogas, sexo y peleas a gritos, como hacemos a menudo. Los pone justo al lado de los pecados más "aceptables" de gente-de-iglesia como la envidia, los celos, las disensiones y rivalidades. (Piensa en tu última "discusión" en la iglesia acerca de los estilos de música de adoración o sobre quién es el líder de qué). Todos estos son el resultado de ser controlados por nuestra carne. Esto es lo que caracteriza una vida dirigida por nuestros propios deseos humanos sin control. Pablo no está hablando de las luchas y fallas ocasionales de un creyente. Por supuesto que fallamos. Nos arrepentimos, volvemos a creer que somos amados por nuestro Dios, aceptamos su perdón y seguimos caminando en el Espíritu. Pablo está dando una lista de pecados habituales que caracterizan a alguien que vive solo por su carne. El fruto de ser guiados solo por nuestros deseos pecaminosos está realmente podrido.

Versos 22-26 La vida vivida por el poder del Espíritu Santo se ve diferente. En lugar de exigir cosas, el Espíritu produce cosas. ¿Qué cosas? Lo que Pablo nos da aquí probablemente no es una lista exhaustiva que describe una vida guiada por el Espíritu; de seguro eligió estos en particular para hablar de la situación de los gálatas. Tampoco se espera que estos se repartan entre los creyentes, dando a uno amor, a otro paz y a otro gozo. "Fruto" es singular, lo que significa que si somos guiados por el Espíritu y vivimos en él, lo que se producirá en cada uno de nosotros será toda una cosecha de cosas.

El amor es primero y más importante, y probablemente el mayor antídoto contra la agitación que está ocurriendo en la iglesia de Galacia. Leon Morris nos da una excelente definición de gozo: "un estado mental estable que surge del saber del amor de Dios por nosotros, y que es producido por el espíritu y persiste aun incluso frente a dificultades y pruebas". La paz probablemente se refiere aquí a la paz entre los creyentes. La paciencia es como la paciencia que Dios nos muestra. La amabilidad proviene de "no dejarse impresionar demasiado por un sentido de la importancia de uno", lo cual Jesús demostró perfectamente. La fe probablemente se refiere a la fidelidad a Dios. La mansedumbre o bondad implica no afirmarnos cuando no es necesario. El dominio propio se opone a la gratificación propia enumerada en las obras de la carne. No tan solo no hay ley en contra de ninguna de estas cosas, estas son las cualidades y características por las cuales realmente cumplimos la ley.

Si estás en Cristo (y lo estás si eres creyente), Pablo declara que has crucificado la carne. Romanos 6:6 nos ayuda aquí: "Sabemos que nuestra vieja naturaleza fue crucificada con él para que nuestro cuerpo pecaminoso perdiera su poder, de modo que ya no siguiéramos siendo esclavos del pecado;". Recuerda, al estar en Cristo, todo lo que es suyo ahora es nuestro. Todos sus logros son ahora nuestros logros. Hemos crucificado la carne y sus demandas constantes de complacerse y servirse. El poder que nuestra carne tenía sobre nosotros se ha roto. Aunque ella continúa tentándonos, ya no es lo que nos controla. Ahora tenemos la capacidad, por el Espíritu, de arrepentirnos, resistir y matar su señuelo silencioso. Esta es una crucifixión en curso. No nos sentamos y asumimos pasivamente que todo ha terminado. Sí, el Espíritu comienza y completa la obra, pero nosotros le respondemos constantemente a medida que nos incita, nos convence y nos guía. Debemos detenernos cuando nos advierte, alejarnos del pecado cuando nos convence y avanzar en amor cuando nos lo indica. Por otro lado, no necesitamos estar ansiosamente híper-vigilantes, asumiendo que la responsabilidad de la santidad depende únicamente de nosotros. Podemos estar seguros de que Dios completará la obra que ha comenzado en nosotros por su Espíritu. Pablo está guiando a los gálatas y nosotros a siempre preguntarnos si estamos respondiendo al guianza del Espíritu. ¿Son estas las cosas que tal vez no caracterizan perfectamente pero que son consistentes en nuestras vidas? No es tanto uno solo de estos vicios o virtudes sino la combinación de ellos de manera continua lo que declara si es Cristo o nosotros mismos quien está sentado en el trono de nuestros corazones.

Preguntas de Reflexión

4. ¿Por qué elegir un camino de obras-para-la-justificación no deja lugar para la gracia?

5. Pablo dice que no debe ser un código moral lo que nos impulse, sino el amor habilitado por el Espíritu. ¿Cómo se ve esto en la práctica? ¿Puedes dar un ejemplo?

6. Hemos sido liberados de la esclavitud del pecado no para servirnos a nosotros mismos, sino para amar y cuidar a los demás. ¿Usas tú esta libertad de esta manera? ¿Por qué o por qué no?

7. Los deseos de la carne son corrompidos por el pecado. A veces, la carne no desea cosas malas sino que transforma nuestros deseos de cosas buenas en ídolos. ¿En qué áreas estás luchando actualmente con deseos idólatras que ocupan demasiado espacio en tu vida? ¿De qué necesitas arrepentirte? ¿A quién tienes que confesarte?

8. Al interactuar con el Espíritu, ¿cómo puedes saber si estás viviendo por el Espíritu o viviendo por la carne? ¿Cómo se ve el depender del Espíritu y pedirle ayuda en todas las cosas?

Versículo de enfoque: *Nosotros, en cambio, por obra del Espíritu y mediante la fe, aguardamos con ansias la justicia que es nuestra esperanza. En Cristo Jesús de nada vale estar o no estar circuncidados; lo que vale es la fe que actúa mediante el amor.* **Gálatas 5:5-6**

Reflexiones, curiosidades, frustraciones:

ESTUDIO 8

Jáctate en la Cruz

Lee Gálatas 6

Preguntas de Observación

1. En los versículos 1-5, ¿qué cosas llama Pablo a los creyentes a hacer los unos por los otros? ¿Qué actitud de si mismos les pide que tengan?

2. En los versículos 6-10, ¿qué dice Pablo acerca del Espíritu y la carne? ¿Qué cosas les exhorta a hacer?

3. En los versículos 11-18, ¿qué punto destaca Pablo una vez más? ¿Qué palabras usa para hacer esto?

Versos 1-5. Antes de recorrer este capítulo, recuerde la atmósfera y el contexto en el que Pablo está enviando esta carta. Estas personas habían sido salvados por gracia a través de la fe, pero varios falsos hermanos les decían que para ser realmente cristianos tenían que agregar algo a la obra de Jesús. Imagina el clima que esto habría producido. Las personas estaban juzgándose los unos a otros por sus logros externos, comparando sus obras en todo momento. Esta enseñanza fomentaba arrogancia en aquellos que eran disciplinados en guardar la ley ceremonial judía. Habría fomentado un clima de desconfianza y comparación.

Las palabras de Pablo cambian la meta de estos hermanos de superarse unos a otros a apoyarse unos a otros. En lugar de ver a un hermano o hermana que cayó en pecado como alguien a quien podrían "ganarle" en su "carrera" espiritual, los gálatas debían detenerse y ayudarlos a levantarse, permitiéndoles volver a la carrera. "Ustedes que son espirituales" simplemente se refiere a aquellos en quienes el Espíritu Santo mora: todos los cristianos. Es el trabajo de cada creyente, cuando ve que cierto pecado se ha apoderado de una hermana, guiarla suavemente hacia el arrepentimiento para que pueda ser restaurada. La palabra traducida como "restaurar" podría haber sido usada en el sentido de arreglar un hueso dislocado, devolviéndolo a su lugar correcto en el cuerpo. En este sentido, somos el guardián de nuestra hermana. Pero mientras hacemos esto, debemos tener cuidado de no ser tentados, no necesariamente de la misma manera que lo fue nuestra hermana, sino tentados a sentirnos superiores a ella en esta situación, o que de alguna manera estamos por encima de ella porque no caímos en ese mismo pecado en ese momento.

Las cargas que se nos dice que llevemos quizás se refiere a la situación que enfrentaba el hermano o la hermana en el versículo 1, al ser sorprendido en un pecado. Pero ahí no termina nuestra responsabilidad. Debemos ayudar a aquellos con quienes adoramos los domingos en todos los asuntos, desde la búsqueda de una casa, hasta con los problemas matrimoniales, desde los aventones hasta los ataques cardíacos, desde la planificación de fiestas hasta sentarse juntos ellos cuando están en el duelo. Al hacer estas cosas cumplimos la ley de Cristo. Estas son las exigencias éticas del evangelio, el servicio a los demás al cual Jesús llama a todos los creyentes. Su vida de servicio y amor cumplió la ley. Como escribe Tim Keller: "Soportamos las cargas de los demás porque Cristo llevó las nuestras".

En el versículo 3, Pablo no nos está diciendo que somos inútiles. Él está diciendo que, en términos de salvarnos a nosotros mismos, no tenemos nada que ofrecer; somos totalmente dependientes de Jesús. Incluso, más allá de eso, cualquier cosa que hagamos para servir a Dios es solo el resultado de nuestra dependencia del Espíritu. No "probamos" nuestro propio trabajo comparándolo con lo que hacen o logran otras personas a nuestro alrededor o cómo obedecen, sino considerando nuestra propia fidelidad en lo que Dios nos ha dado como nuestra responsabilidad. La palabra traducida "carga" se usaba para la carga de un barco, la carga que cada barco debía entregar a su destino. Si bien estos creyentes debían ayudarse unos a otros en la vida de fe, Pablo les recordaba que finalmente se presentarían ante

Dios y responderían en el Día del Juicio solo por cómo manejaron su propia carga. Haremos lo mismo. Debido a esto, el comparar nuestro comportamiento o nuestras circunstancias con las de otros creyentes es sencillamente una pérdida de tiempo.

Versos 6-8. El "que recibe instrucción en la palabra" se refiere a todos los nuevos conversos que estaban siendo instruidos en la doctrina cristiana básica. Recuerde que en los días de Pablo no existían sistemas de iglesias. No había puestos de pastores oficiales que tuvieran un salario. Aquellos que enseñaban a los nuevos creyentes estaban sentando las bases para la fe de los hermanos y hermanas. Pero estas personas también necesitaban comer. No tenemos registro de si a los maestros se les dio comida, dinero o un lugar para quedarse. Pero Pablo les está diciendo a los estudiantes, que habrían sido en su mayoría adultos, que es su deber asegurarse de que sus maestros sean atendidos. En el versículo 7, Pablo advierte a los creyentes que deben tomar en serio la Palabra de Dios que están aprendiendo. Se acerca un juicio, y Dios no puede ser ignorado sin graves consecuencias. Así como un agricultor que siembra maiz cosecha maiz, una persona que invierte en la carne y todos sus deseos segará la cosecha de corrupción, es decir, la muerte eterna. Una persona que invierte en el Espíritu será eventualmente resucitada. Pablo no está diciendo aquí que ganamos nuestra salvación. Él está diciendo que así como hay consecuencias y estructuras físicas en el universo, también hay consecuencias y estructuras morales. Así como la gravedad hala la manzana al suelo, mentir tiene la consecuencia de degradar la confianza entre dos personas. Los que están en Cristo han sido redimidos, pero la atracción del pecado sigue siendo muy real hasta que se lleva a cabo la redención final y todo se arregla. Pablo nos anima en esta lucha entre nuestra carne y el Espíritu Santo a responder al Espíritu y cosechar las buenas consecuencias.

Versos 9-10. El trabajo de un creyente es largo y agotador. La fidelidad a Dios trae problemas en este mundo. Nuestro camino de fe es una maratón, no una carrera de velocidad, y puede estar lleno de desánimo y pruebas. Pablo anima a los gálatas y a nosotros al decir que eventualmente, ya sea en esta vida o en los nuevos cielos y la nueva tierra, veremos el fruto de nuestro trabajo en el reino. Veremos a la gente llegar a la fe y crecer para ser más como Cristo. Veremos los resultados del dinero que hemos dado, el tiempo que hemos sacrificado para servir a la iglesia, la ayuda física que hemos brindado y las horas que hemos pasado en oración. No debemos rendirnos. De hecho, debemos hacer el bien aquí en la tierra mientras podamos, mientras tengamos la oportunidad. Debemos ayudar a nuestros hermanos y hermanas en la familia de Dios.

No había asistencia social en los días de Pablo. Los cristianos pobres de la iglesia podían mendigar, pero no había mucha ayuda más allá de eso. Debido a esta realidad, los primeros cristianos tomaron muy en serio la ayuda a los pobres. Aunque nuestra realidad física y financiera puede ser un poco diferente debido al gobierno u otros programas, el mismo mandato se mantiene de Pablo. En la gama de nuestra historia de existencia, nuestra vida en la tierra será muy pequeña. Solo tenemos estos pocos años para hacer el bien a quienes nos rodean, en medio del dolor y el quebrantamiento. En los cielos y la tierra nuevos, no habrá necesidad de esta ayuda, de médicos, consejeros, trabajadores sociales, técnicos de emergencias médicas o cualquier otra ayuda para el prójimo o para las hermanas en dolor. Todos serán sanados. El tiempo que tenemos para servir a Jesús haciendo el bien a otros cristianos es ahora.

Versos 11-13. Por lo general, Pablo le dictaba sus cartas a un escriba, pero luego a menudo escribía la parte final con su propia mano para probar su autenticidad. Con sus últimas palabras llega al meollo del asunto: a los falsos maestros les importaba más lo que otros pensaban que el verdadero evangelio. En ese momento en Roma, el estado romano reconocía y aceptaba el judaísmo, y los predicadores que abogaban por la circuncisión se alinearon lo suficientemente cerca de los judíos para evitar la persecución. En lugar de predicar a Cristo quien salva a los pecadores y a quien le damos gloria, los judaizantes intentaban obtener gloria para sí mismos convenciendo a los hombres de que se circuncidaran.

Versos 14-16. Ningún ciudadano romano cortés habría mencionado la palabra crucifixión en una conversación, sino que habría usado un eufemismo en su lugar. Pero Pablo no evita hablar de la crucifixión. De hecho, se jactó de ella. La crucifixión le decía quién él era, lo que le daba su identidad, lo que le daba valor. A causa de la crucifixión de Jesús, el mundo estaba muerto para Pablo; ya no tenía ningún poder sobre él. No era solo que la circuncisión no contaba para nada en la búsqueda del favor de Dios; el estar incircunciso tampoco contaba para nada. No era requisito para unirse al pueblo de Dios, agradar a Dios o ser salvo por Dios.

La "nueva creación" era un término técnico que se refería al nuevo mundo que los judíos creían que vendría después de que el mundo fuera destruido o renovado. Pablo está diciendo que esta "nueva creación" estaba ocurriendo ahora, en aquellos que estaban en Cristo, en quienes moraba el Espíritu Santo. Esta es la iglesia, el "Israel de Dios" que él menciona en el versículo 16. El antiguo Israel era la nación a la que se le dio el Antiguo Pacto. El Israel de Dios aquí incluye tanto a judíos como a gentiles, y eventualmente a todas las tribus y lenguas.

Pablo hace una última referencia a la analogía de la vida cristiana como un andar, y luego se refiere a una "norma". ¿No acaba de escribir una carta entera alejando a los gálatas de las reglas? Esta palabra también puede referirse a una vara recta, un estandarte, como nuestra vara de medir. Estos cristianos ya no debían tratar de convertirse en judíos ni de observar las leyes judías, pero esto no significaba que no hubiera un estándar por el cual vivir. Las leyes ceremoniales de la circuncisión, los sacrificios y las festividades judías apuntaban hacia Cristo y fueron cumplidas por Cristo, de modo que ya no necesitamos guardar esas leyes. Cristo también cumplió la ley moral, resumida en los Diez Mandamientos, pero ese cumplimiento fue diferente. Cristo cumplió las obligaciones externas de la ley moral para poder escribir esa ley directamente en nuestros corazones, por obra del Espíritu Santo. Cristo nos da la ley moral no para ganar la salvación sino como guía para el que la tiene.

Versos 17-18. Pablo aprovecha una última oportunidad para mencionar la gracia, la fuente de salvación. Mientras los judaizantes intentaban ganarse una reputación, la única reputación de Pablo es hablar de Jesús y su cruz. Mientras que los falsos hermanos querían los trofeos de los cuerpos de hombres circuncidados, Pablo tenía cicatrices en su cuerpo por haber sido golpeado por predicar la cruz. Mientras los judaizantes añadían al evangelio para evitar la persecución, Pablo predicaba audazmente a Cristo crucificado para la salvación. ¿Pablo predicó y vivió de esta manera porque era tan asombroso? ¿Por ser un súper apóstol? ¿Porque había alcanzado un nivel de favor con Dios por encima de los demás? No. Lo hizo porque se había alineado con Jesús y encontró un Salvador. Porque había visto la belleza y la majestad de Jesús y no permitía que nadie más que él fuera adorado. Porque anhelaba que sus hermanos y hermanas en Galacia conocieran lo que era estar libre de la ley y de cualquier otro estándar paralizante como él había vivido.

Incluso ahora, Pablo nos diría: "¿Quieres ser un verdadero cristiano? Cree en el evangelio. ¿Deseas crecer en tu fe? Responde a la gracia de Dios estudiando la Palabra y orando, no porque quieras ganarte el favor de Dios, sino porque ya lo tienes". No te dejes engañar por aquellos que ofrecen un plan para la mejoría que este motivado por otra cosa que no sea el hecho de que la muerte y resurrección de Jesús ya te ha hecho estar bien con Dios. No mires a tus hermanas y compares tu vida, disciplina espiritual o asistencia a la iglesia con la de ellas. Cuando tu pecado parezca abrumador, mira la cruz y sabe que no necesitas agregar nada al trabajo que Jesús ya ha hecho. Sí, crucifica los deseos de la carne y cultiva los deseos del Espíritu, pero hazlo en el poder del Espíritu Santo, no en el tuyo. Cuando tu hermana tome una decisión con la que no estés de acuerdo sobre la educación de sus hijos o a qué político apoyará, cree en el evangelio y déjala que se mantenga firme en su libertad. Manténganse firmes en la libertad que Cristo ganó para ustedes y no se sometan a las opiniones de los demás, a una norma cultural, ni a ningún otro yugo de esclavitud. Fuiste salvo y crecerás solo por la fe en Jesús. Gloriaos en su crucifixión y permanezcan firmes en su libertad.

Preguntas de reflexión

4. Pablo anima a los gálatas a cuidarse los unos a los otros en sus luchas contra el pecado. ¿Cuándo has luchado tú en cuidar a tu hermana en Cristo porque la menospreciaste por el pecado que ella cometió? ¿Cómo te guían las palabras de Pablo para el futuro?

5. Los dos grupos que Pablo menciona que debemos ayudar son a los que enseñan las Escrituras y los pobres. ¿Por qué era eso tan importante en ese momento de la historia? ¿Cómo se ve eso en tu vida actualmente?

6. Mientras que el comportamiento de los judaizantes se basaba en construir una reputación para ellos mismos, Pablo estaba ministrando a los gálatas para difundir la reputación de Jesús. Cuando piensa en tu función actual en su iglesia, ¿la reputación de quién te preocupa más? ¿Por qué?

7. Pablo usa la frase "nueva creación" para describir lo que está sucediendo ahora para aquellos que están en Cristo. Defina las palabras nueva y creación. ¿Dónde ves que aparecen estas definiciones en tu vida por causa de la obra del Espíritu?

8. Vuelve a leer el último párrafo del comentario. De las diversas cosas enumeradas con las que podríamos estar luchando, ¿cuál resonó más en su corazón? ¿Por qué? Escribe y haz una oración a Dios por esa área de tu vida.

9. ¿Cuáles son sus conclusiones principales de su tiempo estudiando el libro de Gálatas?

Versículo de enfoque: *En cuanto a mí, jamás se me ocurra jactarme de otra cosa sino de la cruz de nuestro Señor Jesucristo, por quien el mundo ha sido crucificado para mí, y yo para el mundo. Para nada cuenta estar o no estar circuncidados; lo que importa es ser parte de una nueva creación.*
Gálatas 6:14-15

Reflexiones, curiosidades, frustraciones:

www.ingramcontent.com/pod-product-compliance
Lightning Source LLC
Chambersburg PA
CBHW022011120526
44592CB00034B/781